QINHEFENGYUN　DOUZHUANGWANGSHI

沁河风韵系列丛书　　主编｜行　龙

窦庄往事

田野调查与历史追踪

常利兵｜著

山西出版传媒集团　山西人民出版社

图书在版编目（CIP）数据

窦庄往事：田野调查与历史追踪／常利兵著 . —太原：
山西人民出版社，2016.6
（沁河风韵系列丛书／行龙主编）
ISBN 978 - 7 - 203 - 09608 - 5

Ⅰ.①窦… Ⅱ.①常… Ⅲ.①村史 - 沁水县
Ⅳ.①K292.55

中国版本图书馆 CIP 数据核字（2016）第 103543 号

窦庄往事：田野调查与历史追踪

丛书主编：行　龙
著　　者：常利兵
责任编辑：王新斐

出 版 者：山西出版传媒集团·山西人民出版社
地　　址：太原市建设南路 21 号
邮　　编：030012
发行营销：0351—4922220　4955996　4956039　4922127（传真）
天猫官网：http：//sxrmcbs. tmall. com　电话：0351—4922159
E — mail：sxskcb@163. com　发行部
　　　　　sxskcb@126. com　总编室
网　　址：www. sxskcb. com

经 销 者：山西出版传媒集团·山西人民出版社
承 印 者：山西出版传媒集团·山西新华印业有限公司

开　　本：720mm×1010mm　　1/16
印　　张：9.5
字　　数：200 千字
印　　数：1—1600 册
版　　次：2016 年 6 月　第 1 版
印　　次：2016 年 6 月　第 1 次印刷
书　　号：ISBN 978 - 7 - 203 - 09608 - 5
定　　价：35.00 元

如有印装质量问题请与本社联系调换

风韵是那前代流传至今的风尚和韵致。

沁河是山西的一条母亲河。

沁河流域有其特有的风尚和韵致，

那悠久而深厚的历史文化传统至今依然风韵犹存。

这里是中华传统文明的孵化地，

这里是草原文化与中原文化交流的过渡带，

这里有闻名于世的北方城堡，

这里有相当丰厚的煤铁资源，

这里有山水环绕的地理环境，

这里更有那独特而深厚的历史文化风貌。

由此，我们组成"沁河风韵"学术工作坊，

由此，我们从校园和图书馆走向田野与社会，

走向风光无限、风韵犹存的沁河流域。

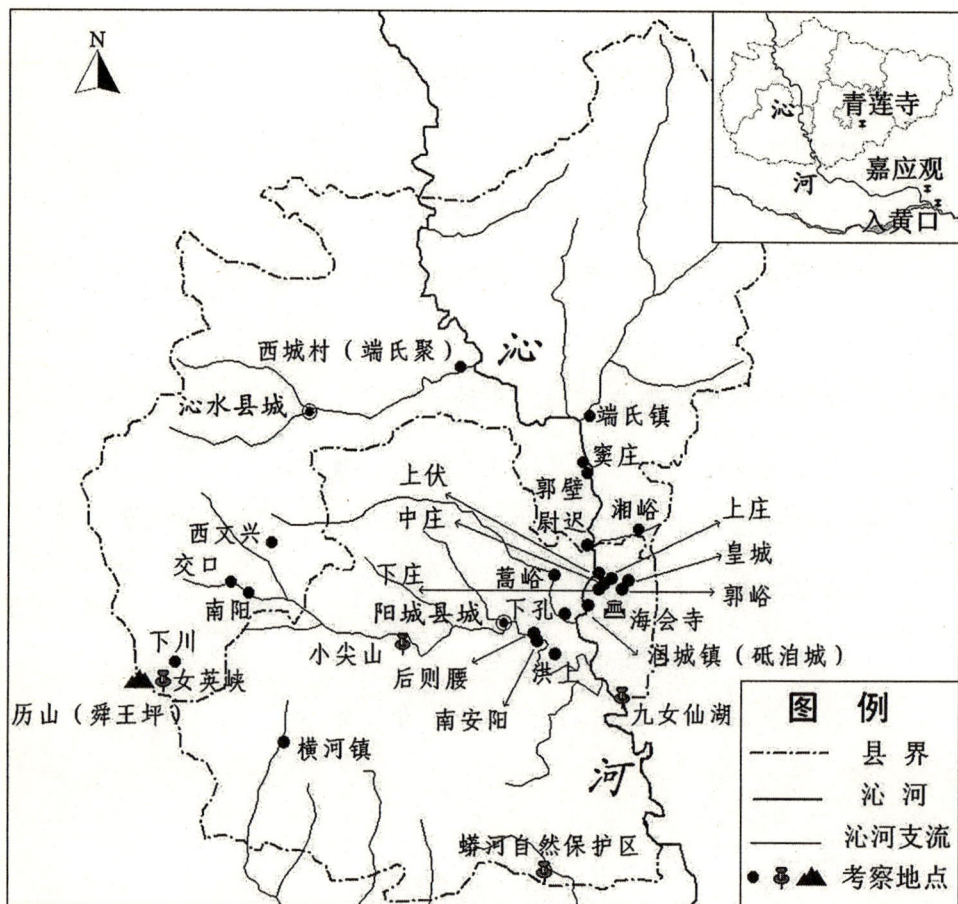

N

青莲寺

沁河

嘉应观

入黄口

西城村（端氏聚）

沁水县城

沁

端氏镇

窦庄

上伏

郭壁

尉迟

湘峪

西文兴

中庄

上庄

交口

下庄

嵩峪

皇城

南阳

阳城县城

下孔

郭峪

下川

小尖山

海会寺

女英峡

后则腰

洪上

润城镇（砥洎城）

历山（舜王坪）

南安阳

九女仙湖

横河镇

河

蟒河自然保护区

图 例

县 界

沁 河

沁河支流

考察地点

"沁河风韵学术工作坊"集体考察地点一览图（山西大学中国社会史研究中心　李嘠绘制）

三晋文化传承与保护协同创新中心

沁河风韵 学术工作坊

一个多学科融合的平台
一个众教授聚首的场域

第一场

鸣锣开张：

走向沁河流域

主讲人：行龙

中国社会史研究中心 教授

时间：2014 年 6 月 20 日晚 7：30
地点：山西大学中国社会史研究中心（荟知楼）

"沁河风韵学术工作坊"海报

田野考察

会议讨论

总　序

行　龙

　　"沁河风韵"系列丛书就要付梓了。我作为这套丛书的作者之一，同时作为这个团队的一分子，乐意受诸位作者之托写下一点感想，权且充序，既就教于作者诸位，也就教于读者大众。

　　"沁河风韵"是一套31本的系列丛书，又是一个学术团队的集体成果。31本著作，一律聚焦沁河流域，涉及历史、文化、政治、经济、生态、旅游、城镇、教育、灾害、民俗、考古、方言、艺术、体育等多方面，林林总总，蔚为大观。可以说，这是迄今有关沁河流域学术研究最具规模的成果展现，也是一次集中多学科专家学者比肩而事、"协同创新"的具体实践。

　　说到"协同创新"，是要费一点笔墨的。带有学究式的"协同创新"概念大意是这样：协同创新是创新资源和要素的有效汇聚，通过突破创新主体间的壁垒，充分释放彼此间人才、信息、技术等创新活力而实现深度合作。用我的话来说，就是大家集中精力干一件事情。教育部2011年《高等学校创新能力提升计划》（简称"2011计划"）提出，要探索适应于不同需求的协同创新模式，营造有利于协同创新的环境和氛围。具体做法上又提出"四个面向"：面向科学前沿、面向文化传承、面向行业产业、面向区域发展。

　　在这样一个背景之下，2014年春天，山西大学成立了"八大协同创新中心"，其中一个是由我主持的"三晋文化传承与保护协同创新中心"。在2013年11月山西大学与晋城市人民政府签署战略合作协议的基础上，在征求校内外多位专家学者意见的基础上，我们提出了集中校内外多学科同人对沁河流域进行集体考察研究的计划，"沁河风韵学术工作坊"由此诞生。

风韵是那前代流传至今的风尚和韵致。词有流风余韵，风韵犹存。

沁河是山西境内仅次于汾河的第二条大河，也是山西的一条母亲河。沁河流域有其特有的风尚和韵致：这里是中华传统文明的孵化器；这里是草原文化与中原文化交流的过渡带；这里有闻名于世的"北方城堡"；这里有相当丰厚的煤铁资源；这里有山水环绕的地理环境；这里更有那独特而丰厚的历史文化风貌。

横穿山西中部盆地的汾河流域以晋商大院那样的符号已为世人所熟识，太行山间的沁河流域却似乎是"养在深闺人不识"。与时俱进，与日俱新，沁河流域在滚滚前行的社会大潮中也在波涛翻涌。由此，我们注目沁河流域，我们走向沁河流域。

以"学术工作坊"的形式对沁河流域进行考察和研究，是由我自以为是、擅作主张提出来的。2014年6月20日，一个周五的晚上，我在中国社会史研究中心学术报告厅作了题为"鸣锣开张：走向沁河流域"的报告。在事先张贴的海报上，我特意提醒在左上角印上两行小字"一个多学科融合的平台，一个众教授聚首的场域"，其实就是工作坊的运行模式。

"工作坊"（workshop）是一个来自西方的概念，用中国话来讲就是我们传统上的"手工业作坊"。一个多人参与的场域和过程，大家在这个场域和过程中互相对话沟通，共同思考，调查分析，也就是众人的集体研究。工作坊最可借鉴的是三个依次递进的操作模式：首先是共同分享基本资料。通过这样一个分享，大家有了共同的话题和话语可供讨论，进而凝聚共识；其次是小组提案设计。就是分专题进行讨论，参与者和专业工作者互相交流意见；最后是全体表达意见。就是大家一起讨论即将发表的成果，将个体和小组的意见提交到更大的平台上进行交流。在6月20日的报告中，"学术工作坊"的操作模式得到与会诸位学者的首肯，同时我简单介绍了为什么是"沁河流域",为什么是沁河流域中游沁水—阳城段,沁水—阳城段有什么特征等问题,既是一个"抛砖引玉",又是一个"鸣锣开张"。

在集体走进沁河流域之前,我们特别强调做足案头工作,就是希望大家首先从文献中了解和认识沁河流域,结合自己的专业特长初步确定选题,以便在下一步的田野工作中尽量做到有的放矢。为此,我们专门请校图书馆的同志将馆藏有关沁河流域的文献集中在一个小区域,意在大家"共同分享基本资料",诸位开始埋头找文献、读资料,校图书馆和各院系及研究所的资料室里,出现了工作坊同人伏案苦读和沉思的身影。我们还特意邀请对沁河流域素有研究的资深专家、文学院沁水籍教授田同旭作了题为"沁水古村落漫谈"的学术报告;邀请中国社会史研究中心阳城籍教授张俊峰作了题为"阳城古村落历史文化刍议"的报告。经过这样一个40天左右"兵马未动,粮草先行"的过程,诸位都有了一种"才下眉头,又上心头"的感觉。

2014年7月29日,正值学校放暑假的时机,也是酷暑已经来临的时节,山西大学"沁河风韵学术工作坊"一行30多人开赴晋城市,下午在参加晋城市主持的简短的学术考察活动启动仪式后,又马不停蹄地赶赴沁水县,开始了为期10余天的集体田野考察活动。

"赤日炎炎似火烧,野田禾稻半枯焦。"虽是酷暑难耐的伏天,但"沁河风韵学术工作坊"的同人还是带着如火的热情走进了沁河流域。脑子里装满了沁河流域的有关信息,迈着大步行走在风光无限的沁河流域,图书馆文献中的文字被田野考察的实情实景顿时激活,大家普遍感到这次集体田野考察的重要和必要。从沁河流域的"北方城堡"窦庄、郭壁、湘峪、皇城、郭峪、砥洎城,到富有沁河流域区域特色的普通村庄下川、南阳、尉迟、三庄、下孔、洪上、后则腰;从沁水县城、阳城县城、古侯国国都端氏城,到山水秀丽的历山风景区、人才辈出的海会寺、香火缭绕的小尖山、气势壮阔的沁河入黄处;从舜帝庙、成汤庙、关帝庙、真武庙、河神庙，到土窑洞、石屋、四合院、十三院；从植桑、养蚕、缫丝、抄纸、制铁，到习俗、传说、方言、生态、旅游、壁画、建筑、武备；沁河流域的城镇乡村，桩桩件件，几乎都成为工作坊的同人们入眼入心、切磋讨论的对象。大家忘记了炎热，忘记了疲劳，忘记了口渴，忘记了腿酸，看到的只是沁河流域的历史与现实，想到的只是沁河流域的文献与田野。我真的被大家的工作热情所感染，60多岁的张明远、上官铁梁教授一点不让年轻人，他们一天也没有掉队；沁水县沁河文化研究会的王扎根老先生，不顾年老腿疾，一路为大家讲解，一次也没有落下；女同志们各个被伏天的热火烤脱了一层皮；年轻一点的小伙子们则争着帮同伴拎东西；摄影师麻林森和戴师傅在每次考察结束时总会"姗姗来迟"，因为他们不仅有拍不完的实景，还要拖着重重的器材！多少同人吃上"藿香正气胶囊"也难逃中暑，我也不幸"中招"，最严重的是8月5日晚宿横河镇，次日起床后竟然嗓子痛得说不出话来。

何止是"日出而作，日入而息"，不停地奔走，不停地转换驻地，夜间大家仍然在进行着小组讨论和交流，似乎是生怕白天的考察收获被炙热的夏夜掠走。8月6日、7日两个晚上，从7点30分到10点多，我们又集中进行了两次带有田野考察总结性质的学术讨论会。

8月8日，满载着田野考察的收获和喜悦，"沁河风韵学术工作坊"的同人们一起回到山西大学。

10余天的田野考察既是一次集中的亲身体验，又是小组交流和"小组提案设计"的过程。为了及时推进工作进度，在山西大学新学期到来之际，8月24日，我们召开了"沁河风韵学术工作坊"选题讨论会，各位同人从不同角度对各选题进行了讨论交流，深化了对相关问题的认识，细化了具体的研究计划。我在讨论会上还就丛书的成书体例和整体风格谈了自己的想法，诸位心领神会，更加心中有数。

与此同时，相关的学术报告和分散的田野工作仍在持续进行着。为了弥补集体考察时因天气原因未能到达沁河源头的缺憾，长期关注沁河上游生态环境的上官铁梁教授及其小组专门为大家作了一场题为"沁河源头话沧桑"的学术报告。自8月27日到9月18日，我们又特意邀请三位曾被聘任为山西大学特聘教授的地方专家就沁河流域的历史文化作报告：阳城县地方志办公室主任王家胜讲"沁河流域阳城段的文化密码"；沁水县沁河文化研究会副会长王扎根讲"沁河文化研究会对沁水古村落的调查研究"；晋城市文联副主席谢红俭讲"沁河古堡和沁河文化探讨"。三位地方专家对沁河流域历史文化作了如数家珍般的讲解，他们对生于斯、长于斯、情系于斯的沁河流域的心灵体认，进一步拓宽了各选题的研究视野，同时也加深了相互之间的学术交流。

这个阶段的田野工作仍然在持续进行着，只不过由集体的考察转换为小组的或个人的考察。上官铁梁先生带领其团队先后七次对沁河流域的生态环境进行了系统考察；美术学院张明远教授带领其小组两赴沁河流域，对十座以上的庙宇壁画进行了细致考察；体育学院李金龙教授两次带领其小组到晋城市体育局、武术协会、老年体协、门球协会等单位和古城堡实地走访；政治与公共管理学院董江爱教授带领其小组到郭峪和皇城进行深度访谈；文学院卫才华教授三次带领多位学生赶去参加"太行书会"曲艺邀请赛，观看演出，实地采访鼓书艺人；历史文化学院周亚博士两次到晋城市图书馆、档案馆、博物馆搜集有关蚕桑业的资料；考古专业的年轻博士刘辉带领学生走进后则腰、东关村、韩洪村等瓷窑遗址；中国社会史研究中心人类学博士郭永平三次实地考察沁河流域民间信仰；文学院民俗学博士郭俊红三次实地考察成汤信仰；文学院方言研究教授史秀菊第一次带领学生前往沁河流域，即进行了20天的方言调查，第二次干脆将端氏镇76岁的王小能请到山西大学，进行了连续10天的语音词汇核实和民间文化语料的采集；直到2015年的11月份，摄影师麻林森还在沁河流域进行着实地实景的拍摄，如此等等，循环往复，从沁河流域到山西大学，从田野考察到文献理解，工作坊的同人们各自辛勤劳作，乐在其中。正所谓"知之者不如好之者，好之者不如乐之者"。

2015年5月初，山西人民出版社的同志开始参与"沁河风韵系列丛书"的有关讨论会，工作坊陆续邀请有关作者报告自己的写作进度，一面进行着有关书稿的学术讨论，一面逐渐完善丛书的结构和体例，完成了工作坊第三阶段"全体表达意见"的规定程序。

"沁河风韵学术工作坊"是一个集多学科专家学者于一体的学术研究团队，也是一个多学科交流融合的学术平台。按照山西大学现有的学院与研究所（中心）计，成员遍布文学院、历史文化学院、政治与公共管理学院、教育学院、体育学院、美术学院、环境与资源学院、中国社会史研究中心、城乡发展研究院、体育研究所、方言研究所等十几个单位。按照学科来计，包括文学、史学、政治、管理、教育、体育、美术、生态、旅游、民俗、方言、摄影、考古等十多个学科。有同人如此议论说，这可能是山西大学有史以来最大规模的、真正的一次学科交流与融合，应当在山西大学的校史上写上一笔。以我对山大校史的有限研究而言，这话并未言过其实。值得提到的是，工作坊同人之间的互相交流，不仅使大家取长补短，而且使青年学者的学术水平得以提升，他们就"沁河风韵"发表了重要的研究成果，甚至以此申请到国家社科基金的项目。

"沁河风韵学术工作坊"是一次文献研究与田野考察相结合的学术实践，是图书馆和校园里的知识分子走向田野与社会的一次身心体验，也可以说是我们服务社会，服务民众，脚踏实地，乐此不疲的亲尝亲试。粗略统计，自2014年7月29日"集体考察"以来，工作坊集体或分课题组对沁河流域170多个田野点进行了考察，累计有2000余人次参加了田野考察。

沁河流域那特有的风尚和韵致，那悠久而深厚的历史文化传统吸引着我们。奔腾向前的社会洪流，如火如荼的现实生活在召唤着我们。中华民族绵长的文化根基并不在我们蜗居的城市，而在那广阔无垠的城镇乡村。知识分子首先应该是文化先觉的认识者和实践者，知识的种子和花朵只有回落大地才有可能生根发芽，绚丽多彩。这就是"沁河风韵学术工作坊"同人们的一个共识，也是我们经此实践发出的心灵呼声。

"沁河风韵系列丛书"是集体合作的成果。虽然各书具体署名，"文责自负"，也难说都能达到最初设计的"兼具学术性与通俗性"的写作要求，但有一点是共同的，那就是每位作者都为此付出了艰辛的劳作，每一本书的成稿都得到了诸多方面的帮助：晋城市人民政府、沁水县人民政府、阳城县人民政府给予本次合作高度重视；我们特意聘请的六位地方专家田澍中、谢红俭、王扎根、王家胜、姚剑、乔欣，特别是王扎根和王家胜同志在田野考察和资料搜集方面提供了不厌其烦的帮助；田澍中、谢红俭、王家胜三位专家的三本著述，为本丛书增色不少；难以数计的提供口述、接受采访、填写问卷，甚至嘘寒问暖的沁河流域的单位和普通民众付出的辛劳；田同旭教授的学术指导；张俊峰、吴斗庆同志组织协调的辛勤工作；成书过程中参考引用的各位著述作者的基本工作；山西人民出版社对本丛书出版工作的大力支持，都是我们深以为谢的。

引言：揭开古村窦庄的历史面纱

在绵延不断的沁河流域的中游地段，分布着一些颇有名气的古村古镇，窦庄就是这诸多村落中的一个；在窦庄南边不远处，同样在沁河流域沿岸的另一个村庄是郭壁村。这两个村庄被当地人称之为"金郭壁""银窦庄"，也成为近些年来当地人发展古村落旅游文化事业的两张影响甚广的历史名片。

"天下庄，数窦庄"的说法在当地更是人们用来形容和想象历史时期窦庄曾经有过的繁华景象，进而在此基础上，不断以再造村庄的古老面貌来营建这一沁河岸边村落在社会主义新时代的历史人文景观，多样化地展现生活在这片土地上的人们穿梭于传统与现代之间的印记。如今行走在窦庄的街巷，古院落随处可见，古城门楼阁、尚书府宅、进士第门、古公堂、旗杆院、贾家大院、常家大院，等等，顿时便会令远道而来的游客们陷入无尽的遐思和想象之中。一处处古朴雅致的院落何以会在此建造得如此宏大和坚固，以致延存至今？窦将军墓何以会落根在窦庄附近的田野中，它与窦庄村的生成有着怎样的历史关联？张氏宗族何以会后来者居上，张五典、张铨、张道浚、张铨、张铃等一连串张姓子孙，屡中科举功名者多达数十人，更不乏能文善武的文人武将，作为沁河流域境内的一支延续数百年的名门望族，这其中到底蕴藏着怎样的历史细节？如今，窦庄更是以一座"夫人城"传遍世间，被看作是成功抗御明末农民军烧杀劫掠的经典古堡，牢不可破，于是乎窦庄也成了具有军事功能的古堡。

从现在人们关于窦庄广为流传的各种话语和记忆切入，来追寻沁河流域一个华北内地村庄的家族演变史，尤其是村庄与家族的关系生成史，也就显得富有意义了。或者说得简单一些，就是通过触摸窦庄的演变史，捕捉现代人借助于制造这一古老村落的历史形貌和样态，由当下往前追溯窦庄是如何一步步变成如今这个样子的。

作为一名历史研究者，在倾心于这样一个古老村庄的同时，也会情不自禁地产生诸多的疑虑和好奇。比如，窦庄的起源是否只因为是窦将军墓茔之地？窦氏、张氏、贾氏、常氏等家族在窦庄是如何生存繁衍至今的，各自又有着怎样的兴起和变化过程？村庄与家族间的关系历经千百年锤炼和衍生，究竟有着怎样的内在演变动力和外部作用力，一起造就了沁河沿岸这一古村曾有的沧桑容颜与现时的繁荣景观？尽管当下窦庄的古村旅游产业蒸蒸日上，成为推动当地社会经济发展的重要产业，但是在同一地域内，各家族势力在大历史的脉动中是如何一步步进入此地域，它们如何进入村庄，与村庄同在，又如何彼此互相建构自身的存在？

这本小书试图在田野调查和历史追踪的基础上，通过一个专业性的视野，去揭开一个村庄家族史的面纱，为当下来自四面八方的不断进入窦庄的人们提供另一种历史书写和村庄记忆。这样一个新的村庄文本起点或许可以增进作为后来者的我们对这个华北内地村庄长期演变史的认识和理解。这种基于作者亲身在窦庄进行的田野调查和对相关历史文献资料的梳理、解读，呈现出来的沁河沿岸这一村庄的往事画面，应该会进一步丰富和更新人们脑海里固有的窦庄印象。

所以，我相信，当每一位读者在打开本书的那一时刻，他（她）就开始成为窦庄村史的一个部分，或同情、或理解、或建构、或解构。也许这也就是意大利史学家克罗齐那句至理名言"一切历史都是当代史"的意义再现吧！

目　录

一、走进窦庄

1. "金郭壁""银窦庄"：现时语境中的古村落

凡是到过窦庄旅游观光的人，一定会在村中的书摊上发现多种关于该村和附近古村郭壁的宣传小册子，图文并茂，生动地叙述着沁河沿岸古村落千百年来的辉煌和兴旺，向游客们展示了一幅幅历史文化景观，着实让人们在流连忘返的同时赞不绝口，走在大街小巷，仿佛已是穿越在历史当中。

笔者手中即有一本名为《沁河福地：窦庄·郭壁·湘峪》的游览小册子，其中记载了有关窦庄、郭壁两个古村的诸多"历史话语"。而这些话语，也几乎从来没有人对其真实性和建构性进行质疑，径直将之作为一种村庄历史演变的史实流传开来。不管是现在流行的为招揽生意的旅游观光小册子，还是其他各种文本记述，基本都是大同小异，似乎已经没有人再对现时语境中的窦庄往事作更深入的挖掘和探讨了，理所当然地认为它就是现在人们所宣传的样子。

我们首先来看一看在《沁河福地：窦庄·郭壁·湘峪》中古村郭壁是如何被记述的。之所以如此，一是遵循了当地话语中"金郭壁""银窦庄"的表达顺序；二是为后面集中讨论窦庄往事的生成史提供一个直接参照。因为在当地人眼中，这两个村庄在沁河沿岸不仅相邻相依，而且已是彰显古村落历史文化再造的两大典型。在小册子中，作者这样向游客们记述：从窦庄出来，沿沁河往东不到一公里的地方，即是有名的沁河古渡口——郭壁古镇。历史上人们常把这两个村庄连在一起，留下了"金郭壁、银窦庄"的美誉。"金郭壁"是指郭壁过去日进斗金，财源广进，非常富有。郭壁古镇曾是沁河流域古道上有名的商业重镇，据留存的金石碑文记载，早在北宋哲宗年间，郭壁在周围方圆百里就已享有盛名，后来到了清朝乾隆年间达到鼎盛时期。郭壁古镇原本要比现在面积还要大一些，那里的人们多居住在河川平地上。明代天启年间，沁河经常发生洪涝灾害，冲毁了大片土地和民宅，为了避开水患，人们居住的地势就越来越高，开始在土坡山丘上建造住宅。日积月累，于是就形成了高台缓坡、逐级攀升的村落,沿着沁河大堤建筑在山壁之上,前后长达二公里,最终营造成了一座依山傍河的挂壁城郭。郭壁也由此而得名,而且一直沿用至今。

从整个村落的结构布局上看,郭壁古镇西高东低,南北相连,镇的出口为沁河古渡口,凭借吊桥才能进入古镇,这也是一道划定镇内镇外界限的重要关卡。另外,在城南、城北各有一处进入村中的古驿道码头;而吊桥设在各渡口的石拱门外,石拱门则建造在沁河堤坝的临水石阶上。在村南边沿沁河的古道上,有一座观音阁,并题有"天池"二字,似为明崇祯十一年(1638)修建。这种阁楼建筑是沁河一带旧时比较普遍的建筑风格,大致兴起于明末,盛行在清代。每个村庄都要在进村的主要道路口上修建一座阁楼,用来作为象征性的庄门或进入村庄的标志,甚至在有战事的情况下还可以用来瞭望敌情。在建筑结构上看,这种村庄阁楼形式多是下部为圈洞,上部为楼阁。圈洞主要用来供行人出入村庄内外,在阁楼内供奉着关帝、二郎神等神灵,以期保护村庄人户的安全。事实上,这种阁楼建筑在华北村庄十分普遍。另在观音阁内,还有一"湖光流阁"的青石匾额。穿过观音阁,就到了郭壁村的一条重要街道——古商业街。据村里的老人讲,20世纪初,郭壁古镇上仍旧店铺林立、商贾云集。青石铺就的石板道上,每日都是驼铃声声、马蹄如织。往日的沁河碧波涟涟、舟船如梭,"日进斗金并非夸大其词"。也有诗句云:"沁水河边古渡头,往来不断送行舟。垂杨两岸微风动,数点眠沙起白鸥",表达了当时文人们对沁河沿岸风光的赞叹。

除了观音阁外,在郭壁村还有一处古老建筑就是始建于北宋元丰八年(1085)的崔府君庙,至今已有九百多年的历史。历史上,先后经历多次补修、重修,具有了一定的规模。据碑刻资料记载,现存的正殿、舞楼为金元时期建筑,始建于元大德年间,有学者认为它可能是中国现存最早的戏台,具有较高的历史价值。从现存结构上看,府君庙分为一进两院,坐北朝南。前院建有清代建造的山门戏台,戏台两侧有钟鼓楼,与戏台相对的则是明代建造的关帝殿,在其两侧还建有子孙祠、阎王殿。后院则是舞楼，位于关帝殿的后面。与舞楼相对的就是府君庙的正殿了，在其两侧有东西耳房和东西厢房。众所周知，中国戏曲从唐末开始兴起，经历了宋朝发展之后，到元朝达到戏曲发展史上的高峰。到了明清时期，演剧之风更是长盛不衰，无论贵贱，州府还是乡野小镇，演戏和看戏都成为一项重要的民间文化活动。那随之而来，建造戏楼舞楼形成一种风气，为演戏活动营建出更完美极致的舞台格局。其实，了解中国民间宗教信仰的人大概都知晓，府君庙作为一种道教神仙信仰，在各地都很常见。另据《长治县志》记载，府君姓崔，名珏，字元靖，乐平（今山西晋中昔阳）人，唐贞观年间进士，为长子县令，有功德于潞地，百姓因而建庙祀之。崔珏这个历史人物，后来事实上又经历了一个被神话的过程。如，在明代万历年间流行的图文并茂的道教传说故事《列仙全传》中就描述了崔珏一生做到了"昼理阳事""夜断阴府"，贡献巨大，因此，在死后被上帝封为"磁州土地神"，并建祠祀之。到"安史之乱"后，因其曾显灵于唐玄宗，又被封为"灵圣护国侯"。后在宋仁宗景祐二年（1035），再次被加封为"护国显应公"，至元符二年（1099）则改封为"护国显应王"。据说当时金兵大举南下，正是崔珏显圣挡驾，泥马渡康王。南宋淳熙十三年（1186）又改封为"真君"。随着崔珏封号的升级，崔府君庙也由磁州兴建至各地。也许，我们从这一造神演化的历史脉络中可以去理解郭壁古村府君庙的来源及在当地民间信仰中的地位和影响。

　　不过，最可能引起游客们兴趣的或许是关于郭壁村"四大宅院"的介绍了。其中写道：古时的郭壁，有张、王、韩、赵四大家族，在这些家族中，历史上曾经出了不少举人、进士，还有许多人，凭借郭壁优越的地理条件，纷纷走上了经商之路。经过历史的洗刷，现在的郭壁村保存下来的有韩姓家族的"进士第"，王姓家族的"三槐里""青缃里"，赵姓家族的串串院和张姓家族的十三院。相比之下，王氏家族的院落是至今村里保存最好的明清建筑了。如今行走在院中巷道上，仍能想象得出当年经商带来的大量家产。但是，有关这些沁河沿岸家族的辉煌历史，几乎没有留存下多少文字资料，更多的是靠后来人的忆述呈现出来的。

在韩氏家族中，韩范是现在韩姓后人乐于称道的祖先。他生于1556年，于明万历十四年（1586）中进士，被朝廷授工部都水司主事。据说曾主持营建过定陵工程，节资10余万金。因为韩范生性耿直，处事谨慎，虽为宰相孙丕扬所器重，但其仕途不顺，屡遭奸臣诬陷报复、中伤诽谤。万历三十二年（1604），韩范回到家乡，为父服丧。也许是他厌烦官场的倾轧，也许是他留恋山清水秀的故乡。他暂时隐退，白天耕作、夜晚苦读，怡然自得。天启元年（1621），韩范再次出山，一年后任顺天府丞，又任通政司右通政。但因当时宦党魏忠贤乱政，韩范深感朝廷中奸佞当道，难以施展抱负，于是再次请求还乡，回到了郭壁家中，咏诗著文，并编修了《常评事集》四卷。明清时期泽路一带连年荒旱、赤地千里、人心惶惶，韩范便写了《救荒论》《积粟备荒论》等文章，呼吁朝廷拯救灾民，并号召当地百姓积极储备粮食，生产自救，且拿出自己的粮食来救济乡里饥民。晚年时的韩范，在家乡带病撰写碑文，并把家训格言"为人要正，为官要廉，为民则勤耕，为仕则苦读，富贵不能淫，威武不能屈"口授其子孙，表现出了胸襟磊落、刚直不阿的品格。

从郭壁村北面进入古城门，再向南行走不远，就可以看到刻有"进士第"三字的砖雕门楼，这就是韩范的宅院所在地。拾级而上，院门两边则是石狮抱鼓的青石，大门对面是一道精雕细琢过的影壁。影壁上，中间是梅竹松鹤组成的一幅砖雕图案，周围则是以各种小型花卉陪衬镶嵌，看上去给人一种古朴典雅的感觉。顺着韩氏家族进士第的宅院，再往南面行走，就是王家宅院了。王家院子主要由"三槐里"和"青缃里"两部分构成。在村人眼里，"三槐里"也是王宅的"进士第"。从洞门进去一路向北，大约有百米，道路两旁均为两层建筑的四合小院，院门头上悬有"耕读""进士第""敦睦""寅宾""大中第"等多种匾额。再加上王氏家族的祠堂，一共有六个院落，而脚下的街道则全部用青石条或砂石条铺就。在"三槐里"尽头往左拐，一个高台之上矗立着又一座高墙大院，这就是所谓的堡中堡——"青缃里"古寨。青，即青色，寓意是青史的意思；缃，则指浅黄色，也即书卷的代称。由此两种色彩组成的"青缃"二字，向世人传达的意思即是深厚的家学渊源。据传，"青缃里"是顺治九年进士王纪的故宅，王纪本人曾到山东、福建等地做官，颇有口碑。从外形上看，"青缃里"城墙高十余丈，寨门从下往上共有26个台阶。攀梯而上，中端南北两侧各有一个青砖砌的小拱门，门内又各有一眼古井，深有十余丈，井水清澈，至今仍为郭壁村民饮水所用。寨门尽头是南北向的小街道，街道尽头又各筑有一个宅院。南侧院落门匾上原有的"文魁"二字已模糊不清，倒是"为人民服务"几个红色大字清晰地映入行人的眼帘。据村里人说，这个院落曾经是一座书院。院内东侧为一座五开间的二层楼房，明柱厦檐，六根明柱全部采用高达十余米的石头柱子。石柱子上又用正楷字体工工整整地书写着以劝学为内容的对联，墨迹还略显出一丝丝书香气息。在北侧院的大门楼门匾上书写的是"极高明"三字，至今读来令人浮想联翩。这一侧的院落也是四合院式的，院内还有一座三层高的镜面式小楼，相传为明代建筑物。小楼的下面两层则为居住所用，最上一层是敞开式的阁楼。

从郭壁村北出来，向南行就到了郭壁南，张姓和赵姓两家族的宅院就坐落在崔府君庙西边的渭沟河畔。由于坡地山水分隔两岸的缘故，张姓宅院只能依山而筑；而赵姓家族则居住在渭沟河之北，地处坡台，由东向西环山而建。有意思的是，一座写有"绍平原"的过街门楼把张、赵两姓家族宅院连串成一组"山"字形的古建筑群。这些古院落群大多是房高院小，以二层楼居多。一般都是单面青水墙，二层中一间楼檐悬空，同邻村窦庄村民的建筑风格相类似。院落之间可以相互串通，院落大门朝向则随山势而异。张姓家族宅院居南坡地，因此其大门朝北；赵姓家族宅院居北坡地，故大门朝南。这两家姓的院落门匾均刻有各种题字，颇显诗情画意，尤其是张家大院还被称为"庭房院"，整个建筑格局雕梁画栋，讲究多元。在其院落内则营造有小花园、寿石小山、石榴盆景和五福图影壁。这两大姓氏家族庭院，一南一北，正好相互对立，形成了一条弯弯曲曲的街道格局。

以上有关郭壁的记述均来自后人所制作的，为方便游客了解郭壁古村历史文化景观的游览小册子。从这些宣传内容中，我们大致可以对这一古村的院落遗迹和村民先祖的生活图景形成一种直观的印象。但是我们需要警醒的是这一小册子勾勒出的古村图景更多的应该被看作是对过去历史真实的剪切和简化，尤其是在村庄历史人物方面。很显然，主观臆断的色彩被过多地涂抹在还需要更多的历史资料来加以还原的人、事、物上面。如果我们只是简单地相信旅游小册子上的叙述就是沁河沿岸古村庄的过往事实，那就只是人云亦云，只会使得历史真相被淹没在历史的长河之中了。

本书开篇即以宣传小册子的内容来展现郭壁之所以为"金郭壁"的历史印象，主要意图是想为接下来进入"银窦庄"的内容叙述作一陪衬和铺垫，向读者先抛出一个值得注意的问题，就是现时语境中的古村落话语是如何一步步被后人不断建构起来的。现在我们从相关地方志书中还没有发现直接的记录，在窦庄和郭壁村庄名字的前面各冠之以"金""银"二字，这称呼本身就会令读者和游客生疑。比较有意思的是，"金郭壁"和"银窦庄"的古村形象史的叙述路径几乎如出一辙。而我们想要进一步讨论的就是如何在田野调查与历史文献相结合的情况下，尽量还原窦庄固有的历史本真面貌。

与郭壁古镇相比较，窦庄不仅以"银窦庄"在乡间流传，而且更以"窦庄夫人城"作为现时当地发展古村庄旅游事业的响亮招牌之一。在旅游小册子中，关于窦庄的描绘也多有关于历史悠久的赞誉。窦庄古城堡距离沁水县城东部端氏镇南边三公里，悄然掩隐在沁河湾南岸的一片树林中。冬季望去，白雪覆盖着古韵十足的青砖灰瓦，与脱去绿色的树木、土地融为一体，呈现出一派如歌如画的安详与静谧。

在小册子中这样记述窦庄的起源：它曾经是沁河边上最美丽繁荣的古堡，它和陕西扶风（今咸阳）的显赫家族窦氏有着一定的渊源。传说东汉时期沁水公主的庄园——沁园，曾被窦皇后的弟弟以难以想象的低廉价格据为己有，后来还是公主的皇帝哥哥出面，才使得沁园回归原主。这一段历史小插曲似乎给窦氏族人后来迁徙到沁河沿岸定居埋下伏笔，但是，窦皇后当时的娘家人是否真的来此定居生活过，则没有任何史料记载，于是后人建构窦庄史话的时候，也只好以不得而知作罢了。到了宋朝初年，时为皇亲国戚的窦氏家族为躲避战乱，举家迁移到此地。《窦氏家谱》载："窦氏居端氏，择先茔于端氏中沁乡西山下。"其中提及的中沁乡西山下就是现在的窦庄所在地。迁居到沁水流域的窦家后来出了一个使其家族再次荣耀的女子——肃穆夫人，她16岁进宫，在宫廷里温和恭顺，侍奉皇帝前后长达三十年。是故，其祖父被追封为"右领卫大将军"，其父亲窦璘被封为"左屯卫大将军"，连兄弟和侄子也都受到不同程度的封赏，为官者多达十余人。

或许是为彰显家族的荣耀，或许是为保全家族成员避免遭受战乱的困扰，窦璘在先茔墓地东南河岸宽阔的地段上建造了窦家府邸，修建宅院、练武场、尊崇礼教、传颂家风……从此以后，窦氏族人即在窦庄落叶扎根，开始了数个世纪的繁衍生息。但是，窦氏家族历经岁月的不断洗刷后又是如何从辉煌走向了没落，没有任何的具体文字记录。不过，如果真的是以皇亲国戚的身份在窦庄生活了几百年，又是当地望族，科举功名繁盛，经商事业也多有发达，怎么会没有留存下史料证据呢？尽管窦庄盛名犹在，但窦氏家族所建设的豪门宅院已是寥寥无几，现在窦庄村内的大部分古建筑群落，是明朝天启年间当大理寺卿、兵部尚书张五典带头修建而成的。笔端至此，这又不得不让人对窦氏家族史的演变思绪多多，顿生诸多疑惑，我们还会在后文中对这一问题作更深入的讨论，在此先作为一个问题提出来。

在当地人的话语里，一般认为历史演进至宋王朝时，张姓家族还只是当地的土著庶民，据说还是窦家先茔墓地的守墓人。随着斗转星移、世代更迭，到了明代，张氏家族依靠耕读发家，其势力已经超过了窦氏家族。直至明万历二十年（1592），张姓族人张五典考中了进士，先后在天津、河南、山东等地为官。到天启二年（1622），张五典官至南京大理寺卿，一年后，再次被封为兵部尚书。据史料记载，他在山东任职期间，由于通晓数理知识，亲自主持了对泰山的勘测工作，并著《泰山道里记》一书，为后人留下了一份宝贵的历史遗产。张五典的儿子张铨在明万历三十二年（1604）也考中进士，并先后到浙江、江西担任御道史。后来，努尔哈赤入侵辽东，张铨带兵讨伐，在辽阳城内苦战三日，最终城破被俘，张铨拒绝招降，挥剑自刎。张铨殉国后，朝廷赠封其为兵部尚书，并诏恤侍养在家的张五典，任命其子张道浚为锦衣卫佥事。张铨不仅英勇善战，而且文采出众，著有《皇明国史纪闻》十二卷，后被列入《四库全书》中。张铨的这一著作记载了明洪武至正德一百五十年间的历史，成为研究明史的一部重要文献。

清兵的入侵和明朝后期的社会动荡，使得张五典已经敏锐地意识到明王朝面临的重重危机，在其子张铨战死疆场后，于天启三年告老还乡。据有关明史料记载，张五典审时度势，估计天下将大乱，于是在这一年开始将窦庄所在地修筑为古堡，甚为坚固。因为建筑工程庞大，在建至三年时，张五典因病去世，其夫人率领家人继续营造城堡，又历时六年才得以完工。就在窦庄城堡建成的第二个年头，即崇祯四年（1631），张献忠与王嘉胤率领农民起义军从陕西杀入山西境内，他们打着"杀富济贫"的旗号，每到一处便抢劫富户大家，窦庄自然也在劫难逃。而此时的窦庄村，张五典因病去世，其子张铨也为国捐躯，张氏家族的子孙们也多在外为官，家里只有张铨的妻子霍氏作为一家之长当家。族人们请求霍氏离开窦庄避难，但霍夫人说："避贼而出，家不保；出而遇贼，身更不保。不如盍死于家。"于是，她率先将庄中男丁、壮妇一百多人组织起来，日夜习武，看守庄园。据说，是年六月底，王嘉胤率起义军攻打窦庄，霍氏夫人率童仆家丁，坚守城池多日，抗击农民军的进攻。结果农民军四天四夜也未能攻破窦庄古堡，只好扫兴而去。另据《明史》记载：泽潞各州县除了窦庄外，其他均被起义军攻下。于是在明兵备道王肇生上疏褒扬"窦庄城"为"夫人城"时，崇祯皇帝还亲赐"燕桂传芳"牌匾，一时传为佳话。由于农民起义军未能攻破窦庄，于是在第二年的秋天，起义军新首领王自用亲自率领三万之众再次围攻窦庄，最终仍是无功而返。当然，这些关于农民起义军与攻打窦庄的历史话语依旧是让后来的我们将信将疑。即使是如今的窦庄古村规模（相比于当时的规模应该是大为扩建了），倘若以三万人的数量进行围攻，在冷兵器时代，以一村之民的数量比对三万之众，不难想象，夺取窦庄应该不难。很显然，这些对窦庄村历史人物和事件的美化表述已超出了常识，自然其真实性也就不能不让人怀疑了。

借助于明末农民起义军攻打窦庄一事，"夫人城"也成了名扬沁河流域乃至千里之外的美誉符号，以至于在沁水、阳城一带，人们纷纷效仿窦庄古堡，修建起军事与民用相结合的城堡多达五十余处。因此，窦庄被看作是沁河流域现存最早的一座古堡，其军事防御的价值和意义就由此而一代代被传说开来，延续至今。但是，即便如此，我们仍有一些疑问需要解答：如果其军事功用确实如描绘的那般突出和强大，那窦庄的堡垒建筑到底为何而起，难道只是张五典一个人觉得明末天下必将大乱，于是才开始大兴土木修建而成的吗？除此之外，还有没有其他的原因存在，窦庄作为一个村庄与兴建古堡究竟有着怎样的历史衍生关系值得我们进一步去挖掘？或者说，这其中肯定还有很多的历史内容等待我们去揭示，并不是像目前旅游小册子宣传的那样简单。

接下来，我们再看看关于窦庄村落结构的部分内容，也许从中可以触摸到一些历史细节。首先，是窦庄的城门。窦庄古堡建筑群被看作是在宋代窦氏老宅的基础上以古校场为中心修建的。四方各设大门、小门，并在紧靠西门的原张氏家族老宅处修筑了瓮城，这样就形成了九门九关城堡的格局。这也是现在那些搞古建筑研究的学者们对窦庄古村落进行研究后形成的共识。作为历史学者，我们不同于建筑学者的关注点则是：历史时期当地人为什么会建筑这些古堡聚落？建筑这些古堡究竟用意何在？只是用来军事防御吗？所以，对古堡的思考还是要置于沁河流域的历史地理、人文环境中去考察，而不只是静态的以后来者的眼光去猜想这些村落古堡的用途和价值。具体而言，四大城门楼高五至七丈，城墙高三丈，墙厚达五尺，城楼下方为砖券的拱门，可关闭的城门中间设有兵室，可容纳兵卒四五人。门楼顶上为瞭望台，四周有护围垛墙。现存的南城门已不太完整，北城门还保留的比较完整，虽然墙体损坏严重，但城门主体建筑依然清晰可见，残垣断壁的城墙和部分藏兵洞尚在。过往的游客行人仍可在这些古堡遗迹上想象它的威严和悲壮。不幸的是，东城门和西城门现在已全部毁掉了，具体因何被毁，无人知晓。

窦庄的城墙较为特殊，周边民居的后墙即是城墙，房间内设有暗道，一旦遇到紧急情况，便可从屋内直登上城墙进行观望。在城边则建有当铺、功德牌坊及寺庙等，城内没有纵横穿越的十字街，只有一条大的丁字街和几条长短不一的小丁字街将城内区域分割为六个大的片区。另外，在街道两旁则是错落有致的"四大八小"的二层四合院。走进去一看，就可以发现院子里的建筑房屋多为暗一明二的三层楼房结构。房屋的楼梯一般都设在门侧或院子里的某一个角落，而且楼梯的走向不是在一个方向层层向上，而是每走过一层，就调换一个方位，以防止外人偷袭或攀登进入。现在走进窦庄，游客们能够看到的保存完好的古建筑有尚书府、九宅院、念修院、怡善院、贾家大院、古公堂等十多个明清院落。其中尚书府宅院算是窦庄院落中最典型、最富有气势的，这当然是张姓家族势力在当地的

窦庄村尚书府门楼

窦庄村贾家大院

一个突出表现。据说，张五典最先修建的就是张家在沁河沿岸翁水滩的老宅院子，也曾是张五典的出生地。现在研究建筑的学者将其总体布局看作是棋盘式的院落，一条街旁坐落着六个院落，总面积达3800平方米。在建筑材质上，尚书府的府门斗拱不是平常使用的木头，而是青砖拟制，凸显了窦庄古建筑的特色。最吸引人的地方，要算是尚书府下宅院的门楼了。这个门楼始建于明代，是因皇室旌表张氏家族父子而建造的。门楼上有木制的彩绘斗拱九层，两边飞檐挑角，五脊六兽，琉璃筒瓦覆盖在顶部，显得整个顶部建筑看起来肥大壮硕。在门楼两边用四根高十余米的石柱子支撑，石柱前后有四墩雕琢精细的石狮石鼓相贴靠。在大门楼的正中悬挂的木匾上书写有"天恩世赐"四个大字，从远处观之，整座门楼建筑气势恢宏，异常壮观。

九宅院落是窦庄村目前保存最完整的一条街巷。据说这一处建筑是兵部尚书张铨之子——锦衣卫都督同知张道浚的府第，因为一共有九个院落，且院院相通，结果被当地人称为"九宅胡同"。院落门头匾额上写有"进士"二字。在街巷的两旁，房屋错落有致，屋顶瓦片，鳞次栉比，五脊六兽，尽现眼前。在胡同的右边第一处院落门匾上有"燕桂传芳"四个字，为御赐匾额，据说是朝廷为了表彰张铨为国捐躯以及其夫人勇敢抵抗农民军的壮举而赐。比较有意思的是，目前在村里的建筑大多是张姓家族，而窦姓家族的院落遗迹不多见了。在旅游小册子中，仅有一处院落被提及，与窦姓有关联，即"念修院"，也被当地人叫作"慈母堂"。传说这是窦氏后人在清代营建的一处居所，在门匾额上写有"念修"二字，院落的主人为窦氏族人后裔窦铤，曾获取科举功名。在匾额背面是一篇书写工整的家训，彰显着窦氏祖先的辉煌业绩和诗礼传家的传统美德。另外，关于贾家大院和常家大院的介绍也是寥寥数笔。贾家大院为民国时京议员贾受德的住宅，也是窦庄目前保存较好的一处院落。整座门楼精雕细琢，典雅中透着威严，不失豪华与风韵。门庭、墙壁上处处刻有砖雕、斗拱、飞檐，筒瓦结顶。在门楼砖匾上刻有"怡善"二字，由此也被称为"怡善"大院。而对常家大院的记述尤为简单，只是说它是村里唯一一处留有

窦庄村古公堂的地牢

西洋风格建筑的院落。院门、院墙都突破了传统中国建筑特色，吸收了西方的尖顶、曲线修饰风格，富有异国情调。

另外，在窦庄还有一处值得注意的院落，就是人们津津乐道的古公堂，这里被看作是窦庄最具特色的建筑物，是古城堡吏治建筑的一个重要组成部分。古公堂位于窦庄村北，由公堂和地牢两部分组成。从结构上看，公堂中央为厅堂式建筑，走廊宽阔，石柱支撑斗拱飞檐，而且还设有办案处、关押犯人处、住宅处等，整个建筑显得威严肃穆、颇有气势。据说在过去，窦庄甚至是周边地区的一切法律纠纷、伤人越货事件，都会在此进行审理。据说，当年古公堂主人断案甚是了得，以至于太原府的案子都要向他请教或交予办理。因为是当时国家执法官员的工作地和居住地，所以不同于村里一般的民居。窑洞里有石磨，墙上钉有铁环，通道口筑有砖堡，是为看守之所。在大堂西南地下五米处有一砖拱窑洞，为关押罪犯的牢狱。

至此，我们又不由自主地会产生些许疑问：窦氏家族是窦庄古村的主要缘起，尤其是宋朝时期飞黄腾达，窦氏族人在沁河沿岸耕读传家、官运亨通、光宗耀祖、名声显赫。但现今除了村外围不远处的窦氏墓地，或许已经很难寻觅到其他能够凸显这一当地名门望族的历史印迹了。而张姓家族则基本成为现在窦庄村历史面相的最主要元素了，各大院落、科举功名、能文能武，均与张氏族人关联在一起，成为人们想象和羡慕历史时期这一家族世系何以会如此繁盛，历久不衰的基础？此外，窦庄村的贾家大院、常家大院等古建筑，我们又该如何做解释？他们与窦氏家族、张氏家族究竟是如何共存于窦庄这一地域中的？尤其是古公堂，为何在村中会出现这么一处建筑？窦庄村究竟是一个什么样的古村落？在这些历史遗迹的背后，到底隐藏着怎样的历史真相等着我们去揭示和书写？因为史料的缺失和细节的淹没，这些疑问可能只会是一个迷局，令人难解，永远沉浸在历史的尘埃中或许是其最后的归属，但我们可以肯定地说，窦庄往事至少不像目前流行的各种时髦话语里那么简单。而这本小书就是笔者试图为澄清窦庄古村历史真相所做的一些思考和努力。

2. 窦庄村史：村庄变革与历史记忆

前文中我们对现在流行的旅游宣传话语中的窦庄印象进行了一些交代，主要是想引出下文，对这一沁河沿岸古村落的历史演变进行一些更为系统深入的叙述和讨论，向世人建构出一幅更为真实多样化的村庄图景。现在全国范围内颇为盛行的古村落历史文化旅游事业，我想不只是要给游客制造出炫目悠久的村落面相，可能还尽量要去告诉人们历史真相到底是什么，否则，这些延续了上千年发展史的村庄只会在历史尘埃中变得更加迷乱不清。就像中国现代学术史上的"古史辨"派领袖顾颉刚先生所提倡的"层累地造成中国古史"观那样，认为中国传说的古史系统，不是自古就有的，而是由不同的时代"层累式的造成的"。他把这个基本的古史观的思想内涵及历史演化归结为以下三个方面：第一，"时代愈后，传说的古史时期愈长。"例如，周代人心目中最古的圣贤是禹，到了孔子时代出现了尧舜，及至战国时代又出现了黄帝、神农，到了秦代又出现了三皇，到了汉代以后则出现了盘古。第二，"时代愈后，传说中的中心人物愈放愈大。"例如，舜，在孔子时代只是一个"无为而治"的圣君，到了《尧典》就成了"家齐而后国治"的圣人，到了孟子时代就成了一个孝子的模范了。第三，"我们对于古史，即不能知道某一件事真确的状况，但可以知道某一件事在传说中的最早的状况。例如，我们即使不能知道东周时的东周史，也至少能知道战国时的东周史；我们即使不能知道夏商时的夏商史，也至少能知道东周时的夏商史。"也就是说，这个"层累地造成中国古史"的历史观的核心思想告诉我们，传说的古史并非自古皆然，而是由无到有，由简单到复杂，逐渐演化而成，这既是伪造传说古史的过程，也是传说古史由简单到复杂的演化过程。

事实上，笔者在这本关于窦庄的小书中，就是试图从一个历史学者的专业视野去追寻这个古村落的过往岁月，不拘泥于各种简单化、夸大化，甚至是为了应时的需求而随意叠加的各种子虚乌有的历史元素。所以，本节内容中，我主要是依靠相关史料对窦庄的村庄演变史进行不同于像《沁河福地》等游览小册子展示的时代话语中的历史景象。

窦庄村位于山西省晋东南沁水县城东部地段，现在属嘉峰镇，向西距离县城100里左右，是一个以窦氏、张氏、贾氏、常氏等家族为主的古村落。沁河自北向南从村东边流过。窦庄在沁河西岸一块宽阔的河谷平地上，背面有百余里地的榼山，真可谓有山有水，土肥水美，一派乡村田园风光。其实，现在人们讲述窦庄历史，大多都只是以窦氏家族、张氏家族为主，尤其是后者，更成为这一古村历史演变的主线。这也是我们目前记载中关于窦庄村史变革的一般情形。当然，即便依靠当地望族的发达史来表述窦庄村本身的历史，依然还有一些最基本的疑问会浮现在我们的脑际：窦庄何时形成？窦庄是因为窦氏族人才名之曰窦庄呢？还是另有变故？窦庄村名和窦庄所在地的地名是否存在一些关系？还有在当地有关的地方志书中是否有关于窦庄村史的确切记载？按照一般的思维习惯，窦庄果真名不虚传的话，那至少会在志书或其他碑刻家族史料中多有反映。所以，我们对窦庄村史的叙述，首先尽量去追寻其历史起点到底是怎样的，而不是简单从现有的家族史去替代或简化它。然后再在这一基础上，从基本史料志书、碑刻家谱等文献中去勾勒村史与家族史的关系演变过程。

窦庄村全景图

那么，历史上的窦庄究竟是怎样的一个居民聚落之地呢？我们通过一些史料中的零星片段，来向读者展示这一古村落的面相，然后在此基础上，进行深入的讨论。

在1993年版由今人撰写的《沁水交通志·人物篇》中曾记载道："窦炳，清，西曲里人（今窦庄）。沁河浮桥，毁于火，窦捐银二百两修复，行人称便。"根据这条史料信息，首先会让读者看到，原来人们现在津津乐道的窦庄古村，在清代还有一个历来不大为人所注意的名字，即"西曲里"。

另在清康熙版《沁水县志》中由张五典撰写的一通名为《西曲里建关帝祠记》碑文中也说的是"西曲里"，此碑现存在窦庄村庙内。其中碑文有曰："里中旧有帝祠，附在佛堂之左，其制狭小，且非专祀。乡人张鸿基等，倡议建于成汤庙之西。规制宏敞，体貌森严，里中岁时享祀，而瞻仰尊奉之，诚得有所寄于无穷矣。"可以看出，关帝祠就建造在窦庄村，而且位于佛堂的左边。很显然，西曲里在清代曾是窦庄村另一个村名的史实不容置疑。不过，这两者的关系到底经历了一个什么样的变化过程，也是需要进一步发掘的。在此版县志中另记载道：曲底村，距离县城九十七里，即东曲村。窦庄村，距离县城一百里。我们知道，明代政府推行了里甲的基层组织制度，所以到清初的时候，在当地人的话语里，仍有可能沿用清之前的习惯用语来表达地名、村名。《沁水交通志》中也清楚地说明了这一点。

光绪版《沁水县志》中记载："窦庄离县城一百里。崇祯初寇乱，县城焚毁。土人筑堡相保，共十余处。窦庄堡，张宫保天启年间筑。值寇乱，猝起杀掠，甚惨。邑人恃此全活者数百余家，后称夫人城。"御史卫贞专门为霍夫人作的传记写道："霍氏，张忠烈公铨妻，家窦庄。先是铨父兵部尚书五典以流寇纵横，筑城甚坚。后贼犯窦庄，夫人仰承父志，设法固守，贼不能破，兵备王肇生表其城曰'夫人城'。"这里需要提醒读者注意的是，现在关于窦庄古村落的历史文化旅游名片之一就是"夫人城"，门匾"燕桂传芳"说明霍夫人曾得到清王朝的赏赐和旌表。这个显然是后来人一种过于夸大的比附做法。另外，还有人曾作《窦庄夫人城》诗一首，作者为洪世佺，福建南安人，是乾隆年间进士，历任芮城知县、临汾知县、汾州府同知，后又官至湖北襄阳知府。其诗曰：

> 死忠者臣死孝子，夫君已为封疆死。
> 夫人岂是偷生者，老翁白发儿毁齿。
> 天中夜半镵枪明，沁河东西皆戟垒。
> 尽散黄金作刍粮，捐钗解佩如脱屣。
> 刊山筑砦保乡间，千人万人齐下杵。
> 谁言兵气恐不扬，夜笳一声贼披靡。
> 春风春草年年绿，雉堞岿然通德里。
> 娘子军与妇人城，世俗评量徒尔尔。
> 是夫是妇古今无，万世具瞻为伦理。

这里的史料中关于窦庄古村的记载，除了其与县城的距离外，重要的是提及窦庄堡，并且明确地指出，此堡是由张氏家族后裔张五典于明天启年间建造，因明末流寇纵横作乱，所以筑堡以保家园。由此我们需要留意的是，由窦庄到窦庄堡，再由窦庄堡到夫人城，有一个变化过程隐藏其间。后文中，还将就窦庄与窦庄堡的关系生成问题专门进行考证讨论，此即点出为止。

此外，在1993年版的《沁水县交通志》"文献篇"中还收录有张姓族人张铨写的一封家书，表达了他对家乡父老亲人的深深眷恋和思乡之情，以及对朝廷的忠贞不贰。张铨本人最后在辽东战事中自刎以示忠诚，死后被敕封为"忠烈"之士，成为张氏家族史上的重要人物。至今细细读来，令人慨叹。张铨在其家书中也谈到了沁河地理环境与窦庄人的生计关系问题。他说："吾乡雨水河又浸塌太甚，水西来有力有情，此亦村中利益。但地土尽没于河，且皆膏腴，赔粮之累，又留患无穷，亦厄苦也。从来渠皆不塌，今亦去五六步，此可寒心。家中修工费烦，又恐米价腾踊，从何取给。道浚才地，尽可教诲，而自甘惰弃，借病遂归，此子不肖。"此封家书写出了窦庄的地理生态环境及与村民生活的利害攸关，而且，这也应该成为我们考察分析窦庄古堡何以修建的一个不容忽视的因素。可惜的是，现在人们将古堡的营造修建仅仅聚焦在张五典一个人身上，并且仅突出其军事防御功能，而不关注窦庄村落本身的地理生态环境因素，显然是有些简单化了。

在清雍正版《泽州府志》中，我们也找到了一些与窦庄有关联的历史信息。如：宋窦将军勋墓在卧牛山，宋哲宗戚畹；窦将军璘墓在窦庄村，宣和殿侍读学士李侁撰碑记；大司马太子太保张五典，墓在马家坪，天启中谕葬；御史赠兵部尚书张忠烈铨，墓在殷家庄西，天启中谕葬，墓田八十一亩；国朝赠副总兵顺治给祭葬英烈将军窦明运，墓在李家坪。但是，在此需要指出的是，在《泽州府志》中图考部分绘制的《沁水县境图》和《沁河图》中，对窦庄的记载均是以"豆庄"为名。我们还发现，在现存的清康熙版、嘉庆版和光绪版的《沁水县志》中也都是以"豆庄"为村名来标识的。有意思的是，在县志府志的具体文字内容中却多用"窦庄"二字。即使在现代版的《山西省地图》（2007年版）、《沁水县交通志》（1993年版）及《山西省地图集》（1961年版）等

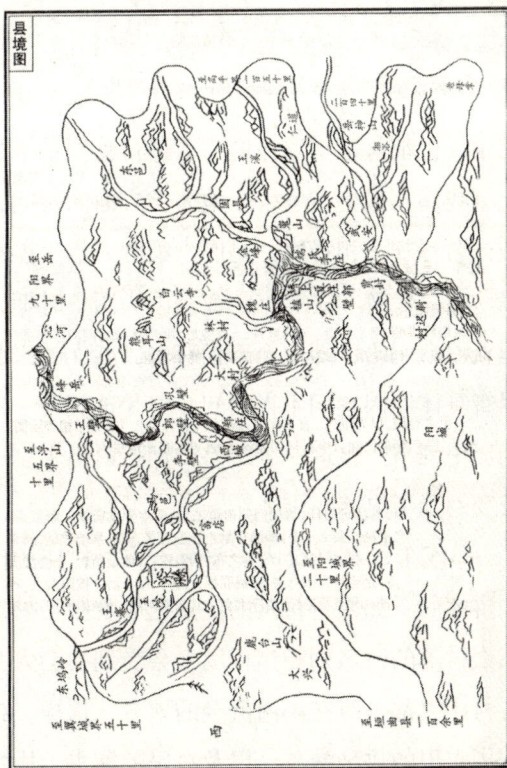

清康熙版《沁水县志》中的《县境图》

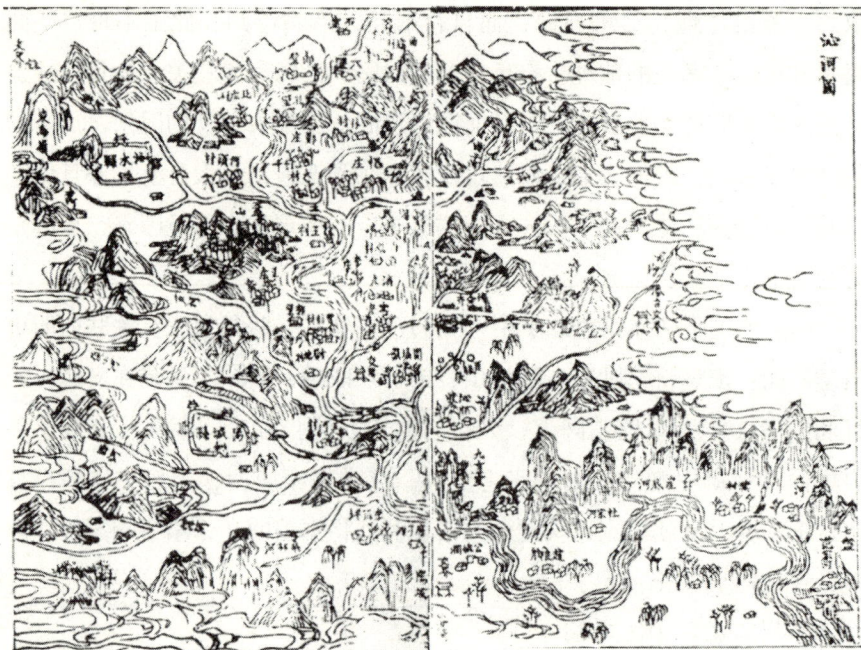

清嘉庆版《沁水县志》中的《县境图》

书中，也都是以"豆庄"为名进行绘制沁水县境内的窦庄地理位置图。由此，我们不禁会产生一个地名学方面的疑问，窦庄和豆庄为何在同一个地域，名称却大相径庭，是因为绘图人员手误造成的，还是为了方便起见，以"豆"代替"窦"字？或是因为历史时期，就一直以"豆庄"为名是当地人习惯用语，即便至宋代有窦氏族人的兴起，也依旧沿用原有的地名？尽管具体原因我们不得而知，但是这其中一定有值得后人关注和需要解释的历史细节。也许一字之差，却折射出了窦庄村史和窦庄家族史之间的风云变幻和历史谜底。

事实上，在社会人类学家看来，村庄的位置与村庄的命名是颇有深意和讲究的。如果是村落的位置选取受制于一定的自然生态环境影响的话，那么村落的命名则相当程度上会受到社会人文生态因素的制约。沁河沿岸各村庄大都坐落在沁河流经的地方，这样，村庄与外界的交通往来，村庄四周农田的耕种灌溉，以及村民的饮水、用水等都离不开所在河流提供的各种便利。所以，一般地来说，有山有水的地方，往往成为村庄聚落和田地种植的首要选择，对农耕文明传承而言是十分自然的事。当然随着兴修水利的推进，以及凿井技术的发明，自然村落的选择也开始逐步脱离河流而向平原或山区散布，如此，地形和土地便成了村落居所选择时的又一主要因素。这是就水利而言的。同时，我们也不能忽略了水害的一面，临水而居，也会时常面临水患造成的洪涝灾害，这在有关沁水的各类地方志书中均有很多的记载。我想强调的是，给予一个与人类相关的任何事物名称或称谓，这应该是人类社会发展史上的一个重要特征。在农耕文明中，相对自给自足且封闭的自然村落，就是村民生于斯、长于斯、又归于斯的场所，也是生长于其间的人们一生生产生活的主要舞台。村庄就是他们眼中的社会，就是他们的生活世界。因此，可以说，村庄的命名在很大程度上反映了村民的价值观念、愿望、祈求、习惯、传统，甚至是忌讳等。在村名背后实际上隐藏着当地乡村文化演变积累的深层结构。

就村庄命名而言，学界认为一般有如下几种类别：一是族氏命名法。即以某村庄内最大亦是最古老的一支族姓氏，作为本村的村名。如董家

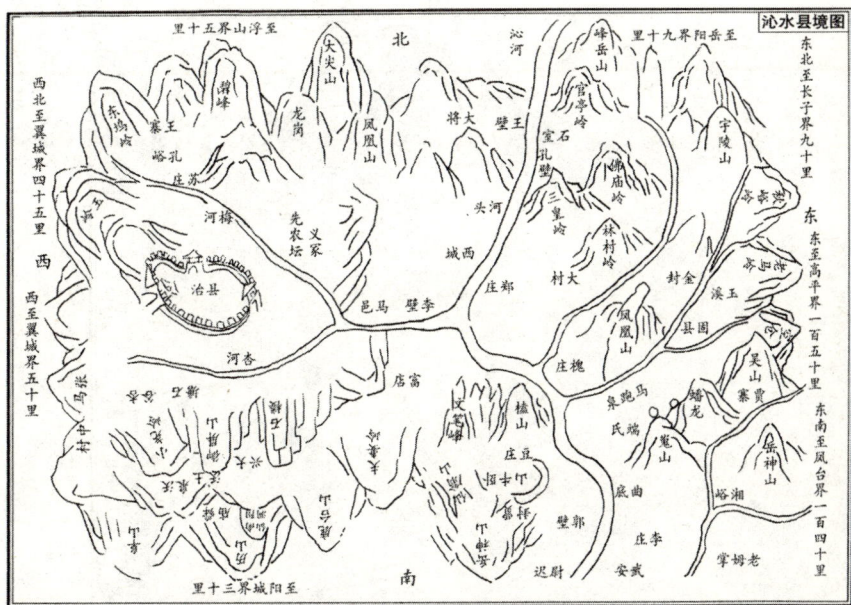

清光绪版《沁水县志》中的《县境图》

山、李家庄等。二是建筑物命名法。即以村落内或村落周围的桥梁、庙宇、水井等建筑物之名来命名村庄。如桥底、庙前等。三是地理命名法。即以村落所处的地理方位、地势以及所处的河流方位等命名村落。如河西、河东、龙泉沟等。四是姓物联合命名法。即在建筑物名前冠之以一定的姓氏。如杨家坟、潘家坝等。五是姓地联合命名法。即在村落所处的地名前冠以该村落宗族姓氏来作为村落名称。如尹家河、司家山等。这里只是根据现有的研究列举出了村名研究的几种分类法，可能并没有涵盖所有的村庄类别。比如，还有的村落名称是来自于古老的传说、故事、神仙人物等，在此不再赘述。通过对村落命名的一些内容讨论，主要是想借此引发人们对窦庄村史有更为深入的认识和了解。

我们在翻阅各类沁水地方志书和相关史料时，关于窦庄村史的直接间接记录很少。即使有像窦氏家族、张氏家族这样的当地望族，其族人文武功绩显赫，科举功名绵延长久，也没有为自己的家乡窦庄留下多少文字记录，零星的记载也只是在村名中偶有提及。这确实不能不让人对这样一个

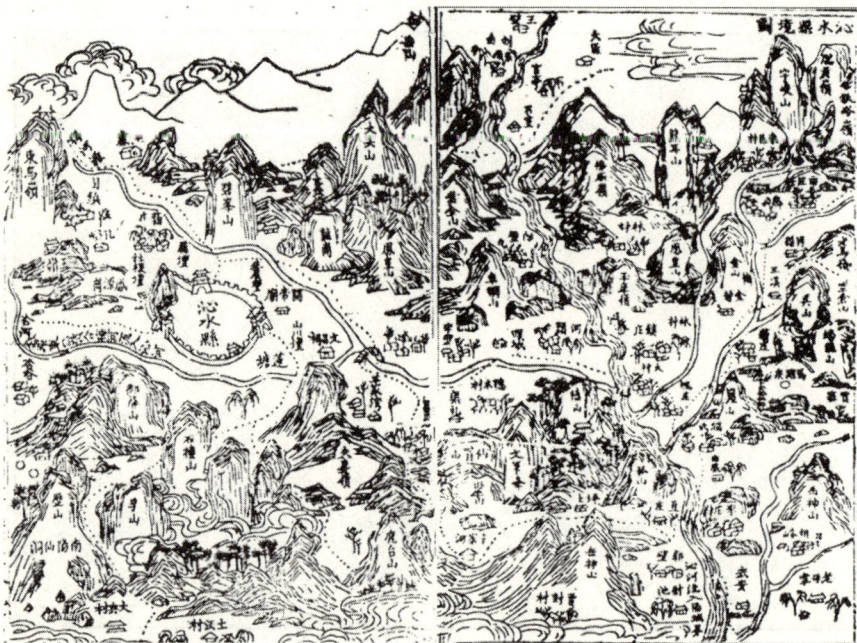

清雍正版《泽州府志》中的《沁水县境图》

古村落孕育出了显赫的家族产生疑问。也许这就是历史的诱人之处吧。即便如此，我们现在可以看到的窦庄史料，也多属明清两代之间，尤其是围绕窦庄古堡的修建者张五典及其子孙的史迹来体现的。而之前的宋金元时期，除了有关宋窦将军墓及墓牌位外，更是难以寻觅到一点点遗迹了。

　　所以，就窦庄村本身的历史演变而言，除了以窦氏和张氏以及其他贾姓、常姓等家族史来凸显外，通过上述的分析讨论，我们是否可以对其再做一些大胆的假设：窦庄村名出现之前，是否就一直沿用"豆庄"这个村名呢？窦庄所在地段恰处沁河流水怀抱之中，就像张铨家书中所言，尽是膏腴之地，沁水流经"有力有情"，那是否可以说这一地段曾经只是周围村庄历来耕种稼穑的肥沃良田？而耕田最终演变为村民的聚落之所，很可能是明清时期华北村庄不断大量产生和出现的结果。还有，"豆庄"中的"豆"字是否还可以让人联想到这块地带曾经是广种豆类作物，因此才名为"豆庄"的？此类现象在华北农村也较为普遍。更需要注意的一点是，在晋东南村庄，村落聚集之地一般会远离坟墓，村民这般选择主要是为了

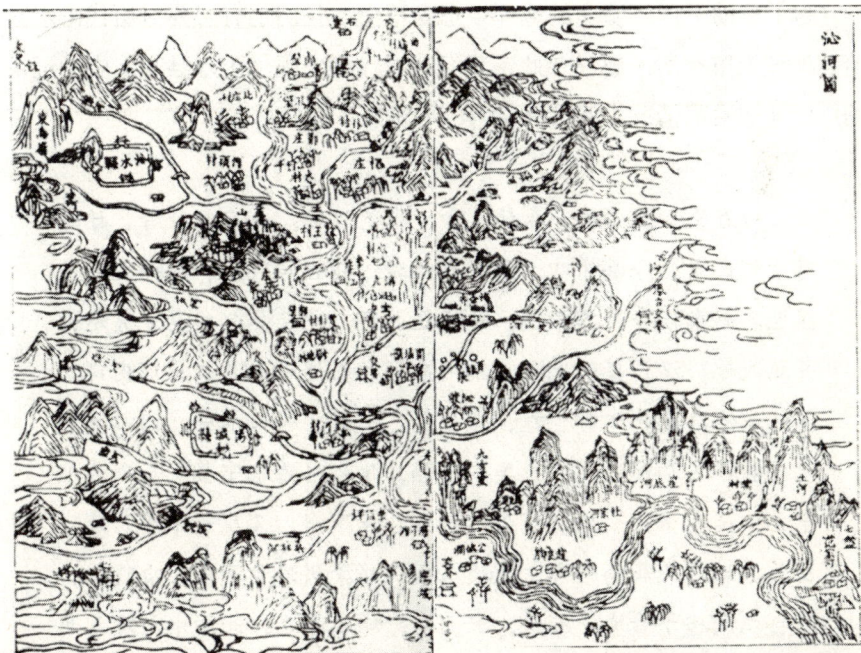

清雍正版《泽州府志》中的《沁河图》

祈求吉利和平安，用当地人的话说就是为了"辟邪"。直到现在，在晋东南泽州、沁水等地，埋葬死人的地方一般都会找阴阳先生选择，而墓地所在的范围大多以所居住村落的周围耕地为主。

因此，如果说窦将军墓自宋哲宗时即在窦庄村西面的话，那窦庄村成为居民之所是不大符合当地人选择居所的文化传统和习惯的。要么还有一种可能就是在窦将军墓茔建造的时候，窦庄所在地尚无村民定居于此，但因其地理位置好，即是一块风水宝地。在现存的清康熙年间立的"宋窦将军墓"碑文中说，窦氏族人一开始在沁水县端氏镇居住，后来因为先祖窦璘有女被宋哲宗选为妃子，于是窦璘死后，被朝廷"敕葬"在窦庄西向不远的卧牛山脚下。于是，窦氏子孙"依冢而居"，一代代繁衍在此，便形成后来的窦庄窦氏家族。此种说法，也是现在比较流行的一种关于窦氏家族历史的观点，并且出现在墓碑之中。这对于我们理解窦家历史是非常重要的一条史料。不过，它仍然无法解释上文中提出的有关窦庄村名中"豆"和"窦"两字之差的一些疑问。

为了有助于理解窦庄的地理生态变革史，我们也有必要对历代沁水县治的地理沿革有所了解。在此，我们以清代嘉庆版《沁水县志》中所记录的历代地埋沿革情况为例进行说明，具体如下：

> 初为原，国属唐，春秋属晋，战国属韩。至三家分晋，迁晋君于端氏聚。今县东四十五里有西城，即古端氏聚，非今之端氏镇也。赵肃侯夺晋君端氏，而迁之屯留，地又属赵。秦，灭赵，并端氏地。汉，置端氏县，属河东郡。别置沁水县，属河内郡。晋，端氏县属平阳郡。魏，庄帝置广宁郡，一曰泰宁，以沁水为永安县，省端氏。北齐，罢广宁郡，改沁水为永宁县。后周为永宁县，属高平郡。隋，复为沁水县，属泽州，又属长平郡。唐，初属泽州，又属高平郡。武德八年，移泽州治于端氏。贞观初，复自端氏移于晋城。五代、宋、金，皆属泽州，而沁水与端氏两县并建。元，至元三年，省端氏入沁水，属晋宁路。明，洪武二

年，属泽州。

从沁水历代县治地理沿革史中，我们至少可以发现两个有价值的历史信息，一是古端氏聚与今端氏镇之分，另一是端氏县与沁水县之分。这其中最关键的元素则是端氏这个地方，可能会为我们理解窦庄村史、窦氏家族和张氏家族与窦庄的内在关系提供一些细节。在我看来，窦氏祖先从陕西扶风迁到沁河流域的时候，一开始是在端氏镇定居下来，繁衍生息。这一点在康熙年间立的窦将军墓碑文中也得到了说明。这样，我们理解窦氏先祖窦勋死后被宋朝廷敕葬在窦庄西向的卧牛山下，也符合当时的地理特征。因为端氏和窦庄正好以沁河隔岸相望，相距不太远，也基本符合墓茔地选择的理想范围。

关于窦庄的起源问题，沁水县的当地文化学者田澍中和贾承健两位先生在其著作《梦回沁水》一书中也有所涉及。书中写道：按照一般流行的说法，宋哲宗的妃子肃穆夫人的父亲窦璘逝世后，敕葬于此，从此形成了窦庄村。他们认为这个说法是错误的。理由是有考古工作者发现了窦庄小坡沟遗址，说明了在距今8000年前的新石器时代，窦庄村就有先民居住。小坡沟遗址在村西200米处，面积50万平方米，埋藏于地表下1米处，有灰坑，采集到了泥质灰陶片、磨光石斧、素面陶钵等。至于那个时代的窦庄村具体叫什么，谁也不知道，也没有形成村庄的规模，而人们现在所知道的窦庄则大多是明清两代的产物。两位当地学者还在书中叙述了窦庄古堡产生的时代背景，这也体现了窦庄古村落变革的又一历史景观。他们认为，沁水境内最早的城堡就出现在北宋末期的窦庄。当时北方游牧民族为拓展生存空间，改善生存环境，定鼎中原，于是挑起了战乱。在北方铁骑不断南下突进的过程中，冀晋豫一带首遭其害，而沁河流域一直是晋东南的富庶之地，自然也成为兵家掠夺战争物资的必争之地。所以，窦庄"右领卫大将军"窦璘家族的后人，为了保全族人的生命和财产安全，率先在窦庄祖茔东南的开阔地上，以八卦布局营建窦府，四周建起了巍峨高立的宅第，府中心又以太极图设计校场、武坊，可攻可守。于是，两位作者认为窦庄高大巍峨的建筑其实就是金元时期天下大乱中建造起来的城堡，并在战乱中保护了窦氏家族和村民的安全。可惜因为年代久远，这些建筑早已不存在了。

比较有意思的是，他们又笔锋一转，写到名闻遐迩的窦庄堡，也叫"夫人城""小北京"，是沁河流域建造最早的城堡，始建于明代天启年间，并且在沁河流域无出其右者。清雍正版《泽州府志》中有曰：

> 窦庄堡，县东一百里楣山下卧牛山，东为文笔峰，又东数里三峰并立，而窦庄在其下。堡东滨沁河，明天启时邑人大司马张五典筑寨。崇祯四年七月，贼赵四儿六千余人，东走山西，总督洪承畴兵逐之，贼入沁水县，东北有窦庄，故张忠烈里居也。先是铨父五典筑墙为堡，甚坚，至是贼犯窦庄……

如果我们仔细地来推敲上述两位当地文化学者有关窦庄和窦庄城堡的表述内容，不难发现，其前后话语存在的矛盾之处。首先，他们认为沁河最早的城堡出现在北宋末年的窦庄，但早已灰飞烟灭于历史长河之中；其次，又认为窦庄堡始建于明代天启年间，是沁河流域建造最早的城堡。在我看来，这看似矛盾的话语实际上显示出了窦庄村落起源的历史复杂性和多元性，这一点我们在本书最后一部分还会进行专门的考察分析。在此，我只是想指出，窦庄和窦庄堡之间存在着历史演变的内在关联，两者不是在同一时间以同一面貌出现的。结合前文的村名称谓来看，豆庄、窦庄、窦庄堡，看似微妙不起眼的一字之差，却蕴含了当地家族人群生活的变迁轨迹。如果说，宋末时期，窦庄已经是城堡林立，那我们就应该将其放置于当时的历史语境中去探究它幸存下来的蛛丝马迹。在宋朝末年，正值金人进攻中原的战乱时期，在沁河沿岸村庄修筑堡砦以确保村民的人身和财产安全，也是情理之中的事。有研究者指出，到了北宋末年，1140年，金兵入侵中原，四方豪杰群起抗金。高平县有一个叫王彦的人组织了"八字军"，晋城周村有个叫梁兴的人也组织了"太行忠义社"，在历史上都很有名。他们纷纷沿山面河修筑山寨，抵御外侮，留下了丰富的军事遗址和抗金故事。梁兴也修有多处兵寨，其中一处就在沁水县的南阳。明代文人杨子器，在任河南左布政时，曾沿古道北上太行，写下《岳家军砦》一诗："太行忠义奋如云，人血淋漓染战裙。一战南阳余孽扫，梁兴本是岳家军。"此首诗赞誉的就是梁兴率领太行忠义社在沁水南阳一带英勇抗金，支援岳飞郾城（河南许昌东部）大战的故事。南阳在历史时期即是当地非常重要的一个关隘。由此可知，宋金元时期，沁河流域多处于战火动荡之中，河流沿岸的村庄修筑堡砦，也应该与岳家军抗金的大历史事件有一定的关系。尤其是晋城人梁兴在沁水南阳抗金筑寨的事迹，必然会对当地的堡砦营建产生影响和示范作用。关于这一点，还需要有更翔实的史料加以考证说明。另外，我们都知道，这一时期，包括沁河流域在内的整个北方地区随着金人军队逐鹿中原而一一沦陷，宋王朝也流亡到江南一带，形成了宋金两朝长期对峙的局面。在我看来，这样的朝廷局势变幻必然会影响到当地居民的生产生活。而对于窦庄的窦将军墓、窦氏家族，还有张氏家族等沁河沿岸的族群来说，则是必须从这样的历史背景中方可得到恰当的考证和追踪。如果说北宋末期窦庄已营建古堡以抗金军一说成立的话，那么，我们还应该注意的一点是，为了扭转北宋政权面对金军强势进攻的软弱局面，南宋政权在江南一带鼓励地方武装力量的兴起，这也可能是一个不容小视的原因所在。即使北方已沦入金政权之手，但作为深受儒学传统熏陶的中原人民来说，其言行举止仍会受到偏安一隅的南宋政权的影响。

　　另外，至于窦庄堡最早始于明代天启年间，由张五典营建一说，现在也大都依据相关县志中的记载和当地村民的口口相传。当我们行走在窦庄村中的街巷时，一处处断壁残垣依旧能够以它们沧桑的样貌向后人诉说着曾经的辉煌历程，令游人浮想联翩。即便如此，我们仍有必要采取历史的眼光，将窦庄古堡看作是一种传承和再造的结果。也就是说，明代的古堡营造直接原因是崇祯年间的农民叛乱，但自宋代以来沁河流域一带持续不断的动荡战乱的历史记忆断不会在后来的村民生活中了无声息的死去，而是以新的时代表征再次产生。所以，我们对窦庄村史的认识和了解，需要建立在村庄变革与历史记忆的双重维度中进行，而不是将其人为性的切割或臆造。还有一点，现有关于窦庄堡的说法都强调其军事防御功能，从战乱的角度来看，这是极为关键和重要的。但是，我们从其地理位置和生态环境角度来看，古堡的修建也不能忽视了它在防洪抗灾过程中的重要性，这是沁河沿岸的村庄生态的又一关键点。在清康熙版《沁水县志》中对县城所处的沁河流域遭遇的水患有记载曰：

> 城池，隋开皇间筑。明洪武中县丞陈德，正统中知县贾威，景泰中知县张昇，正德中知县王溱，嘉靖中知县张爵，万历中知县扈文魁，俱重修。东临河水，常患冲塌。嘉靖时，伐石为堤，患始息。崇祯中，为流贼攻毁，署印泽州州同张大为重修。国朝顺治中，知县刘昌重修。知县尚金章同县丞张宗周重修城堤。康熙甲戌，河水复泛滥侵城。知县赵凤诏导河，从碧峰山麓远流，永杜冲塌之患。乙亥（1695）地震，城堞倾毁，赵凤诏重修。

这则史料是关于沁水县城为杜绝沁河水患的做法，但此种做法，也是整个沁河沿岸的村庄在面临水患时理应效仿的应对行为。对于位于沁河中游水流湍急的窦庄而言，预防水患自然也是当地人修筑城堡过程中必不可少的考虑因素之一。该县志中还记载到，砦和堡是有区别的。砦比较险峻，而堡有军事堡垒的，也有城堡。在崇祯初，因贼寇乱起，沁水县城焚毁。当地士人筑堡相保，共有十一处堡砦，其中砦有十处，堡仅有窦庄堡。而窦庄堡，则是由张宫保（即张五典）于天启年间所筑，"值寇乱猝起，杀掠甚惨。邑人恃此全活者，数百余家"。

总之，我们现在能够看到有关窦庄村史的直接文字史料是极为有限的，而村庄的变革与历史记忆又是通过零碎的家族及其院落遗迹来展现给世人想象和判断的。但是，作为一个沁河沿岸的聚落空间，我们在讨论窦庄往事的同时又必须对其多有了解和把握，方能更加清楚地看到村庄内

窦庄村全景图

外的历史演变是如何与王朝更迭、家族兴衰的大事件和小事件一幕幕上演的。本书中，我们即是在村庄田野调查的基础上，以相关文献史料的记载，来对窦庄往事进行一番历史追踪式的反问和考证，旨在建构出这一千年古村落的变迁图景。接下来，我们首先将讨论的视野转向窦庄的窦氏家族，看一看这一沁河望族因何而起，又经历了怎样的历史流变而发展成为如今的样子的。

二、窦氏家族

1. 祖茔墓地：宋窦将军墓与窦氏宗族

通过前文的叙述，我们知道，现在人们一般将窦庄村的起源看作是由于窦氏家族在此地居住而兴起的。窦氏家族又是因为宋窦将军因朝廷敕葬于此地后逐渐发展壮大起来的。这是窦庄往事延续至今的一条线索，这条主线的关节点即在于窦将军墓地。提及宗族问题，不断有研究者认为华北地区的宗族研究要比华南弱势一些，没有像华南那样发达的宗族系统，如祠堂、家谱、族田等要素体现于其中。但是，也有学者认为，华北的宗族只是在表现形态上不同于华南宗族，而坟墓系统和祭祖仪式才是华北宗族的主要表现形态。也就是说，在北方的大部分地区，世代相传的家族墓茔和祖先崇拜才是宗族关系存在和发展的重要系统。

要讲述窦庄的历史，最好从宋窦将军墓说起。在1987年版的《沁水县志》中记载了窦将军墓的一些情况：窦璘，窦庄人，宋赠左屯卫大将军。墓址在窦庄村西半里处，原冢高约1.5米，直径5米，呈圆形。墓前有康熙四十三年（1704）碑一通，碑前有石供桌。西侧有"宋故赠左屯卫大将军窦府君"碑一通，现存窦庄村。在进入田野调查之前，我曾多次想象过窦将军墓及墓茔地的遗迹，一定引人瞩目。当我在2016年1月底到窦庄村进行考察，由村民马晓秋老人带领着看的第一个地方就是窦将军墓地，只是看到了树立在村西边一块田地塄上的两通石碑的时候，我的心情是有点失落的。因为所见到的和我之前所想象的存在一定的差距。马老师径直告诉我说，这就是窦将军墓碑，原来碑的位置是在那块耕地的中央，后来因为妨碍了地主人的种地和通行，于是就将两通石碑移到了田地的后塄上了。实地考察了之后，作为一名外来者，我是如何也想象不出窦将军墓和村庄的关系究竟如何才能像如今人们认为的那样，轰轰烈烈的名门望族，竟然落个如此萧条的结局。我就在想，是当地文人墨客过于渲染了窦氏宗族与窦庄的历史关联呢，还是说窦庄本身可能就与窦氏家族并没有强烈的关系？这些疑问，一直萦绕在我的脑海中。我甚至想到，也许村里的那些古老的院落，会弥补我心中的此种落差感。就像在《梦回沁水》一书中作者所叙述的那样，窦庄村的窦氏家族，自北宋以来，即是沁河沿岸的望族，至清而不衰，历代名人辈出。清代连出两位进士，即窦心传、窦奉家父子，窦心传更是一代名士，其传记收入在《清史稿》中。在沁水历史上，高中举人者，窦氏家族共13人，分别是明代的窦杰、窦学礼、窦如璧、窦复俨4人，清代有窦复善、窦复申、窦瑀、窦铤、窦镶、窦心传、窦湘传、窦奉家、窦渥之等9人，真可谓科甲绵延不断。不过窦家以出将军著称。窦庄之始创，源于北宋左屯卫大将军窦璘和右领卫大将军窦勋墓葬窦庄。在地方志书中还有一些大同小异的说法，如，宋窦将军勋墓，在卧牛山，宋哲宗戚畹。宋代窦璘，字廷玉，有女为宋哲宗妃子，遂为皇亲国戚，窦氏因此兴盛荣耀。窦璘死后，哲宗亲赐墓地于沁水卧牛山，窦家为守墓而筑庐，世代居住了下来，便形成了窦庄。窦将军璘墓，在窦庄村。并由宋代宣和殿侍读学士李伉撰写了碑记。

对此，我们仍会不由自主地产生疑问：窦氏家族与窦庄的关系真的如此简单吗？如果说宋窦将军墓标志着窦庄的形成，窦氏家族也由此发达，那么，为何会在明清时期才显得更为兴盛，而在金元之际的二三百年间，为何一直难觅其踪影呢？我们甚至还可以再加追问的是，窦氏家族，以及后来的张氏等其他家族在窦庄的出现，会不会是明清两代大造宗族潮流的产物？针对这些疑问，或许我们会在下面的内容讨论中得到一些答案。首先，我们来看一下有关窦将军墓碑的史料内容。碑文内容具体如下：

宋故赠左屯卫大将军窦府君碑铭有序

晋城李伉撰并书

窦氏著望，扶风旧矣。勋德伟烈，世不乏人。或淑范懿行，为椒房之冠；或硕绩巨功，登麟阁之列。载之青史，光耀炳然，固无待于扬确，则后之传姓而分族者，皆其裔也。

君讳璘，字廷玉，泽之端氏人。寔□□□故韩燕国翊德保顺勋惠肃穆夫人之皇考也。自高祖以降，遁迹畎亩，躬有善行。考讳勋，故赠右领卫大将军。姚吕氏，故赠建安郡太君。君自少年，沉静有气节，虽蹑袭高赀，克以勤俭自饬，事父母尽爱而宗族称其孝；奉长上尽恭而乡党称其悌。谨厚端悫，温裕如也。故赈孤恤

窦庄村西边的窦将军碑

贫，则发财以济其窭；问劳疾苦，则施药以活其死。信义笃行，终不少懈。尝谓人曰：积善之家，必有余庆。虽身不获报，当覃及后昆。吾平昔以善施于人者多矣，则光耀闾里，高大其门，族者子孙必与有焉。庆历六年，遘疾终于家，享年三十有二。及□□肃穆贵，以□□郊恩赠右卫将军。又三年，□□明堂迁左屯卫大将军。娶豫罗章氏后，君二十九年而卒，赠宜春郡太君。以元祐八年十月二十六日，合葬于泽州端氏县中沁乡窦庄西山之下，先茔之侧。有子二人，长早亡，同时祔于丙穴。次曰质，故任三班奉职。有女三人，长适乐素，次适马衡，季即□□肃穆也。孙二人，长曰天祐，三班奉职；次曰天祐，右班殿直。堂侄

一人，曰晞古，左藏库副使泾原路第四副将。皆以肃穆荫仕。晞古又以随□□□□□□□龙恩例进，故品秩高于诸子。呜呼！□□□肃穆被选，□□□□禁披保辅□□□□□□□哲宗皇帝逮事。今圣前后，凡三十余年。勤劳恭顺，夙夜匪懈，□□□□，宫闱之间，上下辑睦。是以每承睿旨，□□□恩渥优异，爵命之荣，上及□□□□□□□□□□□□□□祖考，旁禄其族，子官者凡十余人。窦氏遂为显族，而簪绅辉煌闾里之间，一时为盛。岂非君之积善而余庆所臻欤？既葬十三年，天祜等与其母长乐县郡高氏，举质之枢，卜以崇宁四年十月六日，祔于坟之庚穴。于是请予为铭，以镵诸墓。且曰：肃穆躬事，两朝备有，勋劳而又崇宠二国，则铭其祖考之休，以昭示后人，乃其宜也。夫曷为之辞，铭曰：猗欤窦氏，源远流长。维君积德，允恭温良。诞生肃穆，休有烈光。爵命即显，福禄是将。荣被孙子，厥后克昌。光耀闾里，令名益彰。沁湍之上，楂山之傍。卜兆斯吉，万世安藏。有拱其木，有盘其冈。铭诗斫石，以示不亡。

陇西　李之翰

高平　阎文宰　弟阎守兴同刊

　　这一通碑刻，是我们在窦庄村可以找到的有关窦氏家族与此地有直接关系的最早的史料记录了。从碑刻的形制和内容上来看，它属于墓碑性质，由后人造假立碑的可能性不大，所以可以断定碑的年代就在宋崇宁年间。这通碑文的内容，首先申明了窦姓家族均是陕西扶风人士，各地窦氏家族也都是由此传承下来的族裔。接着，主要记述了窦璘这一族支的发展演变过程。据碑文，窦璘应该是窦庄窦氏家族的始祖，但窦璘是否一定就是窦庄村人，还需要进一步的史料来佐证，因为碑文中只是说他是泽州端氏人。田野调查中，我们了解到现在的端氏镇，就是宋金元时期的端氏县城所在地，而且所辖村庄范围就包括窦庄、坪上、郭壁、曲堤等分布在沁河沿岸的诸多村庄。而窦姓人在整个沁河县境内也比较多见，也能说明这一点。不过，我们还是据此可以确认窦璘即是窦氏家族的始祖一事。其实，现在流传的关于窦氏家族的往事也基本是从窦璘开始讲起的。至于窦璘之父窦勋也只是提及他因为子孙事迹而被敕赠为右领卫大将军。整个碑文中，重点向世人讲述了始祖窦璘积善行事、孝敬父母、兼爱兄弟，概括地说，其实就是属于传统时期被儒学所塑造的温良恭俭让的正人君子、乡贤孝子。但不幸的是，窦璘英年早逝，于宋庆历六年（1046）因病而死，享年32岁。后因其女肃穆夫人贵，而先后被朝廷敕赠为右卫将军、左屯卫大将军的谥号。这也是现在较为流行的说法，都认为窦氏家族之所以能够成为当地的望族，主要是因为其家族中出现了一位妃子，即窦璘的三女儿被宋哲宗选为妃子一事。但是也有人对此说提出了质疑，下文再具体阐述，我们先对碑文中的主要内容进行一些解释说明。窦璘的妻子为豫罗章氏后人，但也去世较早，享年29岁，其死后也受赠为宜春郡太君。之后，在宋元祐八年（1093）合葬于泽州端氏中沁乡窦庄西山之下，先茔之侧。由此，我们便可以判断出，窦氏祖茔即位于窦庄西山处，而此处也正是村西向的卧牛山之地。可以说，从古至今，中国的祖先崇拜习俗绵延不绝，后人死后一定要与祖先的坟墓埋葬在一起。所以，窦璘死后葬于祖茔之旁一事，也能够说明窦氏家族与窦庄的一些关系所在。

尽管窦璘逝世较早，但生养有两子三女，可谓后继有人，香火不断。长子早亡，次子窦质，任三班奉职，并生有两子，分别名为窦天祜和窦天祐。三女中，长女和次女分别嫁人后，三女即是所谓的肃穆夫人。窦璘还有堂侄一个，名窦晞古，也担任官职。而所有这些，都得益于肃穆夫人，即"皆以肃穆荫仕"。比较有意思的是，窦晞古的官职在后来都超越了窦璘子孙的品秩。碑文中还记载道，肃穆夫人辅助宋哲宗前后达三十余年，于是窦氏族裔能够进入官阶者多达十余人，最终使得窦姓在当地成为显族，长期闻名于乡里。碑文中没有明确说窦璘之子窦质死于何年，但写到埋葬于窦氏先茔是在宋崇宁四年（1105），此时，已经距离其父埋葬祖坟达十三年之久了。此通碑文即是这年由晋城人李佽撰写窦氏祖茔碑铭的序文。这里也有一个细节需要注意，即碑文撰写者李伒的身份。笔者在由清人徐松编撰的《宋会要辑稿·职官六八》中检索到了有关李伒此人的两条史料内容。其一是在《职官六八》中记载，在宋政和三年（1113）正月二十一日，"李伒可落康州刺史，监西岳庙。坐奉使失职也"。其二是在《食货六三》中记载，在宋高宗绍兴五年（1135）十二月十五日，中书门下省言："淮南东西、川陕、荆襄等路已降诏旨，晓谕诸帅行屯田之制，其诸帅下屯田事务，未曾转委官措置。诏：淮南西路宣抚使司差李健、淮南东路宣抚使司差陈桷、江南东路宣抚使司差郊渐、川陕宣抚使司差陈远猷、湖北襄阳府路招讨使司差李若虚、荆南府路归峡州荆门军安抚使司差李伒，并兼提点本司屯田公事。"有学者在研究北宋著名书法家王寿卿的墓志铭时指出，这两条史料记载，说明了李伒先是在政和三年因失职遭遇黜降为康州刺史，后来又在南宋朝廷继续为官，前后经历了二十三年。王氏墓志铭也是由李伒撰写，并署名为"濩泽李伒"，濩泽即晋城旧称，泛指泽州、阳城一带。因此，我们可以断定李伒为晋城人士无疑。在王氏墓志铭中，李伒自称是王寿卿的门生，师生情谊深厚，为其亡师撰写碑铭也是情理之事。那么，李伒又是因为何故给窦将军来写墓志铭呢？此时，他还应该为官在任，距离他被罢黜为西南康州刺史还有八年时间。也许是因为他是当地享有较高名望的文人贤士，又在外为官，窦氏家族后人自然会托请他来完成铭文一事，也实属正统体面。一般而言，在传统时期官员或平民的墓志铭作者凡是以籍贯加姓名方式表述的，即暗示了作者自己是没有获取功名的读书人。事实上，李伒是有功名之人，但在给窦将军和王寿卿二人撰写的铭文序中，他均未在落款处写明自己的官职。这可能是李伒为了避免自我炫耀之嫌的缘故罢了。另外，对李伒撰写碑文中还有一点需要注意的就是"晋城"和"濩泽"两个地名。晋城自古称之为泽州，始自隋唐开皇年间，因境内有濩泽河，才将原来的建州更名为泽州，而且延续甚久，一直到明清时期，在行政设置上均以泽州为名，未见史料中直接以晋城二字作为行政单位的记载。那么，李伒为何会在前后相距八年的两通碑刻铭文中使用两个不同的地名称谓呢？对此，我们不得而知，还需要进一步的考证。是不是还有另一种可能，即两通墓志铭碑刻中，有一通是后人伪造出来的？也许这一猜想显得太过大胆甚至是妄想，但是在家族历史的演变进程中，其实伪造各种历史元素也并不少见。在此，由于史料的限制，不再赘述，笔者只是想提出一些疑问，以引起读者的注意，这是其一。其二，即便是后人伪造的，也不妨碍我们来考察分析窦氏家族是如何兴盛起来的，或许正是借助于一系列真实和虚构的细节交融，才造就了这一家族荣耀乡里的显赫地位和长久的影响。

因此，这一通窦府君墓碑对于我们深入窦氏家族的历史深处至关重要。我们从窦庄搜集到的其他碑刻资料及地方志书中的一些记载，基本都出自李佑为此通墓碑撰写的铭文内容。尤其是在窦氏家谱中，在有关始祖世代的谱系中，完全是根据碑铭序文来进行制作的，后文中还会专门对此进行讨论。在我们所掌握的窦氏家族史料中，除了宋崇宁四年的这通窦府君碑铭有序外，就是明清时期的，尤其是清初的一些内容。根据这些史料，可以把窦氏族人更多的历史变故展示给后人。

在现在窦庄村西边的田地塄上，与窦府君碑一起静静待在那里的，还有一通宋窦将军墓碑，时间为大清康熙四十三年八月

窦庄村西边的宋窦将军墓

中浣吉旦，碑文作者为窦氏族人后裔窦斯在。此通碑文具体如下：

> 始祖讳璘，字廷玉。宋哲宗朝以女肃穆夫人贵，赠左屯卫大将军，配祖妣罗氏，赠宜春郡大太君。初居本县端氏镇，后敕葬于此，子孙依冢而居，遂家焉。考讳勋，右领卫大将军，坟在庄西本茔北。子二：长少亡，祔本茔丙穴；次质任，三班奉职，祔庚穴。孙二：长曰天祐，三班奉职；次曰天祐，右班殿直，俱质出。侄晞古及族子十余人，咸备官于时，其详载冢右碑内。第由宋迄今，历年久远，字渐剥落，不可考，恐后湮没，兹竖石头冢前，复措其大略而志之，欲使后世子孙有所考据云。
>
> 裔孙 斯在谨职
>
> 裔孙 窦遽 窦琇 窦应綖 窦凤苞
>
> 窦长生 窦应寿 窦潘 窦秀玢等总理立石
>
> 康熙四十三年八月中浣吉日

这通碑文显示，墓碑主人为窦璘与窦勋二人，但又不属于同一世代的人。碑文中分别称为"始祖讳璘"和"考讳勋"。我们知道，祖即是先祖，考是指死去的父辈。窦氏郡望位于现今陕西扶风，但碑文中没具体说明何时迁入至沁河流域，只是笼统地说初居端氏镇。后因敕葬于窦庄，子孙依冢而居，才日渐发展壮大成为居家之地。从这通碑文内容中，多少显示出了窦氏家族在窦庄这块地方的形成过程及原因，并且指出了窦氏家族后世子孙"咸备官于时"，成为当时当地的望族。作为裔孙的窦斯在之所以会在清初为自家祖先窦将军重立此通碑文，碑文中说是出于年代久远，原有碑刻字迹剥落，恐后人不宜识别，所以就重新勒石刻碑，以示后人。另外，窦斯在自身的因素，也是我们解读此通碑刻不可或缺的。在当地人的传言中，窦斯在是一个非常懂得孝义的人。他在幼年的时候即聪慧敏捷，读书勤奋，每日读书笔记要达千余字。长大成人后，窦斯在特别注重孝顺老人。在老父亲多年生病的过程中，他做事做人都要让父亲满意。在父亲死后，窦斯在悲痛交加，不顾惜自己的身体，都要尽礼仪祭祀。据说，其弟弟有一次患上了毒疮，剧痛无比，一直好不了。后来窦斯在祭告祖宗，愿意替代弟弟得病，甚至替弟弟而死，祈求祖宗保佑其弟弟赶快痊愈，最后弟弟的病果然好了。于是窦斯在祈祷祖宗以福佑子孙平安的事情在当地传为佳话。还有传言说，窦斯在上学的时候，师从本族的一位老先生。因为此先生贫穷无子，一次患病后，身边无人照顾。于是窦斯在离开私塾，来到先生病榻前，像伺候自己的老父亲一样照顾先生，并想尽一切办法为老先生寻医治病。到了晚上，则睡在先生身边，多日都没有脱过衣服。最后，在先生死后，窦斯在负责安排丧葬事宜，并为先生守丧三年。

以我们今人的眼光来看，这些流传在当地的生活琐事也许只是传言，并且也没有直接的史料记载来加以佐证，但是，有关窦斯在的这些事迹传言却不是无意义的，尤其是对于窦氏家族的后人而言，其意义恰恰就在于祖先崇拜、家族延续以及家族认同感等方面。因此，窦斯在于清康熙年间重立窦将军墓碑，尽管其碑文内容明显是来自之前的宋窦府君碑铭，可在由宋至清以后的岁月长河中，为窦氏家族在沁河沿岸的回响与显著迈开了重要的一步。就像我们至今在有关窦氏家族的各种话语中看到的那样：宋窦将军勋墓，在卧牛山，宋哲宗戚畹。宋代窦璘，字廷玉，有女为宋哲宗妃子，遂为皇亲国戚，窦氏因此兴盛荣耀。窦璘死后，哲宗亲赐墓地于沁水卧牛山，窦家为守墓而筑庐，世代居住了下来，便形成了窦庄。这一类的"家族话语"正是承载在族裔后人不断建构出的物质和精神的"共同体"之上才延续至今的。

现在张氏家族老宅的"世进士第"院落一角，还存留一通墓碑。笔者在马晓秋老人的带领下，找到了这块已经被院落主人当作日常饭桌或堆放杂物使用的石碑。碑头清晰可辨的字样为"皇清公举孝廉方正庠生千子窦公墓志铭"，碑尾落款是"敕授文林即四川直隶达州新宁县知县充四川丙辰恩科文武乡试同考试官加一级纪录二次同学愚弟，容邃顿首拜撰""太学生愚甥韩鼎元顿首拜篆""乙卯拔贡拣选直隶州州判受业门人族孙，汉辅顿首拜书""不孝子，窦无逸，孙，永言全泣血勒石""乾隆二年岁次丁巳十一月初七日"等字样。此通碑刻收录在《沁水碑刻蒐编》一书中，书中对撰写碑文的作者窦容邃略做了说明。窦容邃，祖籍为山西沁水县窦庄村人，后迁居河南柘城县。清康熙四十四年（1705）中进士，历官四川新宁县知县，后迁山西应州知州。到乾隆九年（1744）又转山西忻州知州。在其任职期间，先后加一级，敕授文林郎。从这通墓志铭的碑文中可以得知，墓主人是窦氏家族后人窦世英，并系窦容邃的长兄。整篇碑文中详细地记述了窦世英的生平事迹，其中还对窦氏家族的一些情况做了说明。具体如下：

> 余家祖贯西秦，扶风平陵人。至祖璘，宋哲宗朝以女肃穆夫人贵，封左屯卫大将军，葬窦庄，是为窦氏始祖。遭兵燹，旧谱失存。兄一支可考者七世祖绅，明永乐间岁荐三传，至高祖守印，皆世以耕读传家。守印子二，长轮，廪膳生，道德文章为学

窦庄村窦世英墓志铭碑

者所宗。次辐，庠生，是为曾王父祖嘉祉待赠公，立心忠厚，多隐德。子四人，长讳瑀，兄考也，磊落有大志，为文踔厉风发。顺治丁酉岁，乡试拟第一，人缘颇有三策。字名稍后，历官汾州府教授，宦绩载通省志。母张孺人，处士张公洪道女。霍孺人，处士霍公养纯女。皆不逮养。生母赵孺人，庶母卢孺人与赵孺人，共扶遗孤，世称双节，兄事之如生母者

《窦氏家谱》

也。元配庠生张公德榘女，明赠兵部尚书谥'忠烈'张公铨曾孙女，知书通文，能以才识辅君子，生于康熙戊午十二月二十二日，卒于康熙癸未九月初九日，得年二十六岁。……兄生以康熙己未三月初一日，卒以雍正乙卯九月十八日，得年五十有七岁。于乾隆丁巳十一月初七日葬于祖茔之麓。

由上述碑文中，我们可以看出，窦容邃在撰写其长兄窦世英的墓志铭时也提到了窦氏家族的来历问题。即窦家祖籍陕西扶风平陵，到了先祖窦璘这一代，因为其女被宋哲宗朝选为后妃，尊为"肃穆夫人"，而被封为左屯卫大将军，并葬于窦庄，由此，是为窦氏始祖。后来因遭兵燹，家谱失存。窦世英这一族支，仅有七世祖窦绅可考，并且是明永乐二十一年（1423）的贡生。也就是说，窦庄村窦氏家族窦世英这一支系有据可考，

是从窦绅开始的，而之前有关窦氏家族的各种记载不能完全说是传言，但至少还需要更可靠的史料来加以佐证才是。而且，再次提及窦将军墓及其女肃穆夫人等家族元素对于窦氏家族起源的重要性。另外，此通墓志铭碑刻中还有一点需要注意的信息就是关于窦氏家谱的存失问题。窦容邃认为因"遭兵燹，旧谱失存"，并无进一步的说明。不过，比较有意思的是，我们又发现了另一则有关窦氏家族的史料，则说明了家谱的来龙去脉比窦容邃所言还要复杂一些。这则史料名为《族保安公焚谱辨》，是由窦氏族人窦斯在撰写的，并附录在《窦氏家谱》的附考部分，以供后人辨之。窦斯在其人，为窦氏后人，在康熙五十三年（1714）出任陕西保安县知县一职。在这则有关窦氏焚谱的史料中，窦斯在如是说：

吾族向无谱相传，族人中有自耻其辈数大卑者，阴焚之事在明季，余每憾其所为。迨康熙辛巳，余有金台之游客，居无事，序次一支谱系，而后知前焚谱之说为妄何也。余支自祖坚以下，凡七传至曾祖计□世，所历约略百四五十年，寨崖底祖茔碑阴所记世系，系甚明晰。碑记出余堂曾祖如玉手，

《族保安公焚谱辨》

玉博学多闻，善识□事，而当时所记世次仅溯及坚祖而止，盖前此已无可稽矣。今考始祖国舅茔始于宋元祐八年，由宋而元、而明、至天启七年寨崖底祖茔立碑时，已五百四十一年。夫余支一百四五十年之前即已茫然莫辨，若更溯而上之前，此三百九十余年之事，又谁为吾族代记者？以是知焚谱之说为妄审。是吾族竟无谱耶，非也。考始祖茔碑，记吾家自祖姑肃穆贵后，祖若父咸以椒房戚赠将军，此外或以功勋或以恩荫列职殿庭者，复十有余人，盈门金紫，称本邑著姓，未有无谱者，而今竟无殆有而失之也。尝悬度其时，谱之失当在宋□□以后，盖南渡后，此地已非宋有，吾家以胜国戚畹，既遭摈弃，而子孙流寓患难，亦无复读书仕进之人，间尝徵之邑乘，于宋载有窦将军墓，即始祖也。自是而后，直至明兴，始以科贡显，而金元之代无闻焉。其无读书仕进之人可知也。夫修明纪载，儒者事也，既无读书仕进之人，安所得谱？无谱又安得有焚谱者。故曰：焚谱之说，妄也。然则听其无。

事实上，这则看似无关紧要的史料却给我们提供了有关窦氏家族演变史的重要内容。其一，它否认了有族人一贯持有的明代末年焚毁《窦氏家谱》的说法。窦斯在认为其家族向来没有家谱可传至后人，何来的焚谱之说？而且，他指出，自己这一支系自先祖窦坚以下，共有七世代，经历了一百四五十年，并在祖茔碑阴有明确的世系衍变记录，而此前的世代谱系已是无可稽考了。窦斯在为此，还专门考究了祖先坟茔事宜，从宋元祐八年一直到明天启七年，开始在寨崖底为窦氏祖茔立墓碑之时，已历经五百四十余年，除却他这一支系外，窦氏家族业已在当地有了近四百年的发展史，真可谓家族历史久远。不过，窦斯在又怀疑作为本地望族，没有自家的谱系传承也是不符合常理的，那家谱到底哪里去了？由此疑问，窦斯在提及一个对窦氏家族发展的关键转折点，即北宋王朝被金人征服后，南渡至江南一地，窦庄所在沁河沿岸已非昔日宋朝的领地，于是曾经作为宋哲宗朝"胜国戚畹"的窦氏家族，便难免遭到摈弃，沦落为患难之族。在北宋王朝陷于动荡的岁月里，窦氏族人更遑论耕读传家以进仕途了。直到有一天，南宋王朝又开始征召"邑乘"之事，族人才发现窦庄村尚存有北宋时期窦将军墓，于是便将其作为窦氏始祖。因此，窦斯在认为，从宋直到明代的四五百年时间里，历经金元时期，窦氏家族均未有科举显家之人，也就更不可能有所谓撰家谱一事了，焚谱之说也就自然不可信了。

窦斯在撰写的这则《族保安公焚谱辨》，在一定程度上增进了我们对窦氏家族历史的认识和理解，尤其是窦氏家谱的来龙去脉问题。窦斯在是康熙王朝末年人，他对自家先祖谱系的考辨也从侧面告诉我们，直到清初时期，《窦氏家谱》还没有真正由族人撰述出来。这也是需要我们注意的一点。一直到乾隆二十六年（1761）才有了《窦氏家谱》手抄本的出现。

另外，就窦世英墓志铭而言，窦容邃主要在铭文中记述了其兄的节孝事迹，即使在今人读来，也颇多触动心扉之感。从表面上来看，此种褒扬亡兄的言辞是在悼念亲人亡故之痛和怀念兄弟之情，但实际上，也是在对窦氏族人的显著家风能够盛行不衰进行诠释。其中有曰："兄讳世英，年十七，补弟子员，每试前茅，而志不欲为章句儒，五赴秋闱不遇，缘遭病，无志进去，屡举孝行，学使者及郡邑官师，皆为表异。"后来，"宪皇帝即位之元年，公举孝廉方正，以疾辞，年未及耆，以庠生终"。由此，我们可以看出，窦世英此人，也是聪慧过人，在17岁的时候，即为"弟子员"，而且每次参加科举考试，都能够名列前茅，但他自己又不乐意只是做一个玩弄诗文句子的读书人。可惜的是，因为疾病的缘故，连续五次科考未果，多次因孝行被推荐，在众人眼里实属难能可贵。后来，即使再次被举荐为孝廉方正，又因病不得不辞去，只好做了一辈子的庠生。这么一个平凡却又才识俱佳的窦氏后人，却因疾病而未能获得科举功名。作为身居官位的兄弟窦容邃，自然也是深表惋惜。所以，在乾隆初年，当清朝廷下谕旨命各地郡县荐举节孝之人的时候，窦容邃首先就想到了其兄窦世英。铭文中对此也有清楚的说明："今上御极命郡县举节孝，抚宪石公题请在案，将邀旷典。嗟乎！吾盖三复兄之生平，而窃悲其丰于才而啬于遇，优于人而绌于天，心存乎斯世斯民，而用不越乎一家一乡，学志乎天地古今，而功不著于旂常钟鼎，天之于善人何如也。"这里对窦容邃何以会为窦世英撰写墓志铭的动因表现得一览无遗，在此，也彰显了清初乾隆年间致力于整合孝悌节义的儒家文化传统的用心所在。与此同时，也正是窦氏族人能够借助于王朝的力量进一步打造和完善本族势力与名望的良好时机。作为地方望族，其整合和示范效应或许正是由此而不断得以实现的。

那么，窦世英究竟有哪些值得窦容邃大写特写的生平事迹呢？在其墓志铭中有记载说：在窦世英三岁的时候，就刻苦读书，到了午夜时分，其读书声与其母的织布声相互交织在一起。到了五六岁时，他就可以根据母亲的喜悦忧伤行事，当听到母亲告诉自己先祖的往事后，便情不自禁地哽咽起来。窦世英长大成人后，更是勤奋慎独，时时都注意自己的言行，要能够博得母亲的欢心。在母亲患心痛病时，他能够七昼夜不睡觉，专心伺候母亲，而全然不顾及自己的消瘦和憔悴，乡人见之也都觉得可怜。所以，在其母卧病的十多年里，窦世英都能够不离不弃，苦心地照顾，真是难以用言语表达。后来在母亲病死后，窦世英简直是痛不欲生、难过至极，为了表达自己的孝心，整个治丧过程都严格遵循"朱子家礼"，"不用浮图法，不尚浮文"。在丧葬的那一天，旁观者都被其丧礼大大折服了。下葬了自己的母亲后，窦世英又为母亲守墓三年，以坟墓为居所，还时常诵读孝悌礼节，辛勤守护，把母亲墓茔看护得没有一丝杂草。而他自己住的小茅草屋则简陋得很，不作任何讲究，"风日漏穿"，有一次生病差点丢了性命，村中乡贤长辈觉得其孝心实在感人，劝他回家，他坚决不从。正当窦世英气色好转起来的时候，其"庶母卢孺人"又病逝了，这对他来说，又是一大打击。结果，又导致他"自汗不寐，加以气冲，食不能下"。有意思的是，有一天夜里，窦世英做了一个梦，梦见有人拿着一根像猪鬃的东西，透了透他的喉咙，第二天，居然可以进食了。于是人们都以为是窦世英的孝心感动了上天，才保佑他渡过了难关。窦世英的节孝行为在当地乡里引起了众人的赞扬和感动，村民们愿意为其孝行树碑立传，都被他拒绝了。再后来，家道中落，窦世英又能够以兄长的身份，持掌整个家庭，对于诸弟兄，"情幽一体，或成其家室，或成其嗣续，或成其学问，功名历历可指"。

除了家族之事外，在铭文中还记载了窦世英在救济灾荒中的善举。如，"至倡议捐资以赈凶荒，谋立社仓以济悬磬，增筑河堤以为保障，无非为桑梓计安全也"。另有在康熙甲午夏（1714），天公不作美，大旱，致使米价暴涨，村民收成不佳，又面临"征新敛旧，公私交困"的局面。为此，窦世英主动替村民上书当地的主事官员，请求暂缓征。"洒洒千余言，王公韪而从之，遂与兄为忘形交，其举孝廉方正也。"窦世英还为了优待礼学官、筹办社仓、乡约保甲等事宜，纷纷条陈当地官员，皆切中时弊，深得人们的赞赏。所以，窦容邃认为其兄窦世英胸怀天下，绝非是为了自己的一点私利。正如其所言："其周人之急，恤人之孤，终身汲汲，若营己私，如山农悭租，而银业而置，饥民赎女而骨肉使完，亦可见其一斑矣。盖兄之仁孝本于性生；推仁孝之意，行于一家，以及于乡，欲使无一人不得其所惜乎？"在铭文中，窦容邃还对窦世英治学问道的历程进行了一一陈述，兹不赘述。不过，由上述事迹已足以看出，他对自己兄长言行举止的褒扬和推荐显得多么珍贵而又让人赞叹不已。如此周详的一通墓志铭碑刻，显示出了沁河沿岸窦氏望族后人对儒家文化传统的秉持和效行。就像窦容邃在碑文最后所总结的：

壬推民首，尊惟学道；达被苍生，穷匪自好。

斯道之实，孝悌为先；神明可通，裕后光前。

君生不辰，婴龄失怙；贞操育悯，旋停彩舞。

地厚天高，罔极莫酬；结庐志哀，倚彼松揪。

制虽有限，抱恨无极；滨死不回，孝惟竭力。

一孝所推，由亲而民；百行克敦，蔼蔼吉人。

胡乃坎坷，予怀渺渺；沉郁不伸，理微莫晓。

谁谓不显，晔晔其华；谁惟不寿，绵绵无涯。

> 翼正闲邪，千秋百世；后有兴者，眷焉潜涕。
> 我铭君藏，如相感通；庆流后裔，福录是崇。

可以说，作为地方望族，窦氏宗族的影响力和认同感有意无意地都会借助于各种途径凸显出来。上述的墓志铭即是其中之一。我们希望借助对于铭文内容的梳理和解读，能够把这一村落宗族的生存状态书写出来，以增进人们对窦氏族人的了解。

现在窦庄村还保存有一通完整的"窦氏宗庙祀记"碑刻，刻于清乾隆五年（1740）九月，也是由窦氏裔孙窦容邃撰写碑文内容。在这通碑文中，窦容邃主要叙述了祭祀祖先宗庙的必要性和重要性，细细读来，颇有家国情怀的儒学孝道思想蕴含其中。众所周知，在明清鼎革之际，地方士人营造宗族行

窦庄村的窦氏祠堂

为甚为普遍和流行。这一方面是为了家族香火延续不断，坚守千年来的伦理生活规制；另一方面，则是清朝帝王作为异族统治者，为了巩固基层社会秩序，充分利用固有的汉族儒学治理技术以达到一统天下的目的，于是积极提倡和鼓励此类再造祖先的行为。正如该祀记碑文中所言：

> 方今圣天子崇儒重道，尚德褒功，厘正祀典，法无不备。其有羽翼六经，功在圣道者，则从祀两庑；其有文学行谊，冠于郡

邑者，则从祀乡贤；其有治绩鸿功，表于旂常者，则从祀名宦。外此，复有贤良祠，更饬有司，各建忠义、节孝两祠，以示优奖。其所以表微阐幽，砥世砺俗之至意，固未尝计及代数，绳以世次也。岂以子姓之于先人之贤者，顾仅以曾元奉之乎？

很显然，窦容邃作为清初地方官员，自然深知朝廷"崇儒重道""尚德褒功""厘正祀典"对于社会秩序的整合具有的重要作用。也正是在此历史机缘当中，他作为窦氏族裔，将自己祖先的功名事迹可以重新加以塑造和宣扬。我们将此通碑文和他之前为兄长窦世英撰写的墓志铭结合起来看，就更能表达出其中的社会文化意义了。

在记述到何以会为窦氏宗庙祀记的理由中，窦容邃的话语表达更是情真意切。在雍正十一年（1733）夏天，窦容邃奉命将要到四川新宁县任职时，绕道到窦庄拜谒祖墓，事后，族人都不忍径直离去，怀念祖先，恋恋不舍。于是族人就开始商议宗庙祀记一事。正如其说的：

> 因思尊祖敬宗之道，不可不讲；收族联情之谊，不可不明。吾族自大将军而后，代有传人，或以武功显，或以理学著，或以孝义名，或以节烈称，彪炳史册，焜耀寰区，皆可为子孙法守。倘不永兹明禋，何以扬前徽而厉后昆？祠祀先贤，义不容缺。且祖宗昭鉴之灵爽，不隔于异代；子孙钦承之孝思，可达于幽冥。

所以，在窦容邃的带领下，众族人"质诸宪典，既不嫌于逾越；揆懿好，允适符乎同然。以此尊祖而敬宗，则先人之贤，固可历百世而不磨；以此收族而联情，则后人之贤，亦将触几筵而奋兴，所关讵不伟哉？众咸韪之，而族兄千子跃然肩其事，与弟超子，族人洎水、我弼、芳石等，度地相地，鸠工庀材。"

至此，对于窦氏宗庙祀记的前因后果及其意义，已经表述得清清楚楚。可见，为了祭祀祖先，窦氏族人纷纷慷慨解囊，出钱出力，就是要以此来警醒后人，不可以把"先人之贤"在历史长河中忘却了，而是要时时铭记祖宗的德业、品行、政绩、芳踪等事迹，并且要子子孙孙地效法下去。这样，才可以真正地扬祖宗之名，立祖先之威，家族显赫地位也才能够代代相传。

在此通碑文中，窦容邃对于宗庙祀记行为的家族意义还说到"此一举也，实有关乎贤贤之公议，非徒循乎亲亲之私情。若以是为有絮世代之制，而邻于僭也，不亦惑之甚哉？惜乎千子仁孝存心，恪恭将事，而未及落其成也。犹幸其子无逸，善承厥志，侄孙弘绪、景绪，恪遵祖父遗命，竭力以勤。兹役兼之族众，念祖聿修，诚心输将，至再至三，频而不厌，迄有成功，斯固先贤在天之灵所默佑也夫"。不过，令窦容邃比较痛心的是，其兄窦千子（即窦世英）则在宗庙祀记工程未完之时却去世了。所以，窦容邃念告子孙族人，对于祀祖、祀亲之事，要谨遵教诲，世代延续，竭力进行，而不可僭越或絮乱之。

接下来，我们再对《窦氏家谱》作一些详细的介绍，有助于进一步去认识窦庄村窦氏祖茔及其嗣后族人的衍变问题。在1987年版的《沁水县志》中有这样的说明文字：

> 《窦氏家谱》（手抄本），是端氏窦庄村窦姓的族谱，成于清乾隆二十六年（1761）。记述从西汉、魏、晋、南北朝、隋、唐、五代，直至宋十九世系及其皇后、国公、丞相、太傅、大将军、都督、侍郎、都尉等重要人物三十余人。内容有序言、原始、世系、行实、茔域、家传、戚属、家法、集古等，这对于了解窦家身世具有一定的参考价值。其中"家法"记载较详，有：冠、婚、丧、祭、饮食、衣服、居住、燕会、问遗、周恤、事尊长、处家众、侍乡党、御婢仆、立品行、慎交游、勤职业、戒习尚等条目，成为旧时家庭对子女教育的具体内容。新中国成立后，封建家族系统已被摧毁，但封建宗法

家族观念的影响仍然存在。

笔者在窦庄村进行田野调查期间，在马晓秋老人家里看到了他收藏的《窦氏家谱》手抄本复印件。从时间上看，此本家谱撰写于清初乾隆年间；从内容上看，分别有谱序、原始、世系、行实、茔域、家传、戚属、家法，并附《阖族旧谱》《窦姓氏考》《族保安公焚谱辨》等十余项。可以说，除了前文中讨论过的宋窦府君碑铭序、窦将军墓碑及墓志铭等石刻史料外，《窦氏家谱》是目前我们所掌握的最直接的文字史料，可见其重要性。但是，需要注意的是，在这一家谱中也有诸多内容还值得推敲和存疑。接下来，我将对此家谱中的一些有意思的问题做一分析讨论。

首先，我们来看《窦氏家谱》的撰写者和年代问题。除了在家谱开篇写的《窦氏东一支世谱略序》一文的落款处明确地写着"乾隆二十六年岁在辛巳孟夏，望后五日裔孙汉辅谨序"的字样，家谱中再无具体时间来说明此谱到底成书于何时。我们知道，为家谱写序文的是窦氏后人窦汉辅，但写序的人未必是写谱的人。现将谱序转引如下：

窦氏东一支世谱略序

家之有谱，所以明世系、别昭穆，尊祖敬宗而收族也。则为是谱者，自宜原原委委，秩然炳然，惟……

若而人为邑著姓，迨南渡后，藉金元以胜，国戚踠遁迹田间。至有明渐列科第登仕，版而前此之谱已散佚不可考矣。此保安公（讳斯在），硬寨老人（讳载德），尝咨嗟太息于无可如何者也。虽然阖族之昭穆难辨（族分十八户），而本户之世系自明（吾复有同三户者世次镌祖墓碑阴）。不为之谱后之，视今不犹今之视昔耶吁。又难言矣。吾一户，祖至（余小子），历十有三世家，故寒故寒，素墓有无碣者，有字漫漶不可识者，即名字尚难尽考，遑问其他，则虽欲谱之，亦曷？从而谱之，然吾尝阅《弇山堂别集》，载有明初追祭上世，仅以行称，想其字其名，亦有不尽传者。帝王家尚然，矧在编户，况信以传信，疑以传疑，亦春秋法也。爰就本支中于所知者谱之，所不知者阙焉。略引起端，以俟后之人，非故略也。寔有不能详者在也，惟愿吾之孙子，知不修谱之怼，嗣而修之更善继善述，增缺补遗，凡谱之所应有者，一一举行，于以尊祖敬宗而收族，不其大快乎哉！嗟！嗟！百年易尽，抱憾何穷，后之人尚其鉴之。

乾隆二十六年岁在辛巳孟夏，望后五日裔孙汉辅谨序。

从《窦氏家谱》的序文中，我们可以看出，作为窦氏裔孙的窦汉辅因窦氏作为地方望族居然没有谱系而感慨良多。在他看来，旧有家族系谱已失佚不可考了，即使有墓碑存在，但其字迹也已难以辨识，所以要撰写本支系谱实属不易之事。不过，窦汉辅写的序文中有两点值得注意，一是他首次强调了窦氏是当地望族，只是到了北宋王朝败于金人后，南渡至江南一隅之地，曾经被皇帝敕封的"戚畹"之地则沦落为荒野之地了。直至明代时期，窦氏家族才有科第登仕之人出现。窦氏似乎只有靠在田间地头的祖茔向世人诉说着曾经作为王室家族的荣耀。另一点就是他提到的保安公窦斯在和硬寨老人窦载德二人。这两位窦氏子孙也是苦于《窦氏家谱》未能传示后人。再结合家谱附录中的《阖族旧谱》末尾的一句话，即"右自旧谱得自柘城，至以后无考，乃族侄载德所修本支家谱内二则也，录之以备修谱时参考。雍正八年七月二十八日世俊敬录"，由此，笔者可以推断

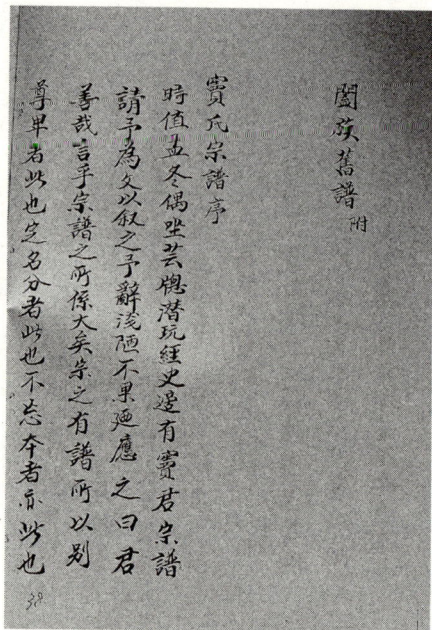

《窦氏家谱》附《阖族旧谱》

出，现今我们能够看到的清乾隆二十六年的《窦氏家谱》应该是由窦斯在和窦载德两人撰写而成。而附录在家谱后面的《阖族旧谱》却不是沁河沿岸窦庄村窦氏家族的谱系，这一点也有很明确的说明。如：

> 右俱见沁水《窦庄碑志》。以上乃旧谱文，勤按以下，太史夫子讳克勤识语也。盖族谱失传，太史公自柘城来祭祖墓，欲叙阖族支派世次，其一支家谱，族人录其谱首之文如此，而各户自宋及明中叶多所无所考，而世次竟不能清云。旧谱得自柘城内，无监门卫大将军及观察使，两祖非柘肯遗也。两祖茔在西山卧牛岭，其地险，其林深，久为虎狼所居，子孙遇拜望而祭焉。意韩公所谱，止就本庄碑记之所有而谱也，然则两祖之衔之讳何以知之？盖缘太史公省墓，来窦庄议重修西山茔。后经千子叔心端兄与载等董其事，剪蓁芜，掘土石，搜剔残碑而知之。残碑末镌：嘉靖乙卯科举人，八代孙窦杰立石。即现居阳城郭峪之一支是也。按礼始迁，及始有封爵者为始祖。考诸碑记，吾祖迁自扶风，贵为国戚，则祖本庄勋祖为始祖于礼洽，况后来奉祀如是，曷敢更张？故旧谱之远祖仅录于谱端。俾世世子孙知其所自来，而原始乃以勋祖为主。

上述引文中提到的《窦庄碑志》应该就是前文中李侁撰写的《大宋敕赠国老窦府君碑铭有序》的碑文内容。因为在《阖族旧谱》和《窦氏家谱》中关于《窦氏族人世系表》及讳名等内容均与窦府君碑铭序文一致，很显然，这是因后来人造族谱的时候抄写而来的。就如引文中所言"右俱见沁水《窦庄碑志》"，即谱中所言"宋哲宗封韩燕国翊德保顺勋惠肃穆窦夫人，祖勋，封右领卫大将军。祖姚吕氏，封建安郡太君。父璘，封左屯卫大将军。姚罗氏，封宜春郡太君。子质，封三班奉职。妇高氏，封长乐县君。堂侄晞古，封左藏库副使泾源路第四副将。孙天祐，封三班奉职。弟天祐，封右班殿直。俱见沁水《窦庄碑志》"。显而易见，这些旧谱中的窦氏世系情况均来自前文已讨论过的窦府君碑铭内容。但旧谱并不是窦庄村窦氏家族这一支系的，而是河南柘城县窦氏家谱，即应该是窦容邃祖先一支的。

在《阖族旧谱》中开篇也有一《窦氏宗谱序》，撰写者为陕西扶风平陵人氏韩恩，此人进士出身，任巡按、山东监察御史官职。谱序写作时间为明嘉靖二十二年（1543）。序文中有曰：

> 故详观历代窦氏，著望于扶风，流寓于两□□□，簪缨世不乏人，或为椒房之冠，或登麟阁之列，或居黉宫之中，或为农商之业，载之青史，荣显于当时，迭兴于国朝，彬彬然如此之盛也，其何以哉。盖以作善降祥，有德昌后，列公勋德，既茂于前，蠡斯必仍于后。他日振先世之家风，君其勉之。

我们将韩恩写的《窦氏宗谱序》和窦氏裔孙窦汉辅写的《窦氏东一支世谱略序》两相比较，即可看出，前者显得简略，泛泛一些，而后者则相对具体翔实一些。这也可以理解，传统时期但凡撰写家谱宗谱者，多会找本地籍出身的文人贤士或为官在外者进行系谱序文的写作，此类做法之所以普遍，也是家族后人在制谱过程中要增添本家世系历史沿革的正统性和合法性而已。所以，窦氏族人窦世俊在清雍正八年将出自河南柘城的《阖族旧谱》一并抄录下了，以备后人修谱时所用。这一旧谱，在乾隆六年夏天，又经窦汉辅抄写下来。二十年后，窦汉辅又撰写了《窦氏东一支世谱略序》。这样一来，就窦庄村《窦氏家谱》的作者而言，也有可能是窦汉辅所修，不过，综合来看，笔者还是倾向于应由窦斯在和窦载德所修撰。窦汉辅可能扮演的角色只是一个家谱的抄录者罢了。这一点，我们从家谱本身的各项内容安排中也可以发现一些端倪，最明显之处就是谱中所记多有杂乱，拼凑痕迹显而易见。

在家谱《原始第一》的内容中，关于始祖世系图表，就是直接从《窦府君碑铭》一文中抄写而来的。并且在撰写的过程中，出现了一个明显的错误就是将窦将军"讳璘"二字分别看作是两个人物进行世系安排，实在是不应该。具体如下所示：

始祖世系图

本贯陕西扶风平陵人

一世，勋，宋赠右领军卫大将军，娶吕氏，封建安郡太君。

二世，璘，左屯卫大将军，娶罗氏，封宜春郡太君。

讳，阙监门卫大将军。

三世，质，璘之子，三班奉职，娶高氏，封长乐县郡。

晞古，讳之子，左藏库副使，泾源路第四副将。

师古，讳之子，观察使。

以后无考。

与前文《窦府君碑铭》和窦将军墓碑中的记载相比较，可以看出，《窦氏家谱》中关于始祖三世代的修撰即有两处明显的错误，一是在"二世"中，将"讳璘"当作了两个人来叙说，与窦璘同辈的"窦讳"很显然是修谱者捏造的人物。可以说，这个错误犯得极其低级，而且与古代族谱中名字辈分的安排规则也是驴唇不对马嘴。二是"三世"中的"晞古"和"师古"二人。在原来的《窦府君碑铭》和清初的窦将军墓碑中都记载的是窦璘的堂侄即晞古，并无堂侄第二人师古一说。

在《窦氏家谱》中，还有一处错误是修谱者在抄录《大宋敕赠国老窦府君碑铭有序》一文的时候，将作者"李侁"写成了"李铣"。更有意思的是，在《窦府君碑铭》中撰写者落款为"晋城李侁并撰书"，而家谱中则改写为"宣和殿侍读学士李铣撰"。因为碑铭的年代为宋崇宁四年，修撰《窦氏家谱》则是在清乾隆二十六年，前文中曾讨论过李侁为窦府君撰写碑铭序文的署名问题，他直接落款为地名加姓名的方式，很可能是出于谦卑的原因，而没有按照官名加名字的做法来落款。到了清初，窦氏族人修撰家谱，将原来碑铭中的落款方式改为官名加名字的做法，很显然，是

修谱者为"李铣"杜撰了
一个官职名称，以示修谱
中的《窦府君碑铭》其来
有自，而且有官人写序，
自然也是彰显作为地方望
族的一个重要元素。此
外，据相关史料记载，李
佚本人也没有做过宣和殿
侍读学士。

　　不过问题到此，还未完
结。笔者由此查阅了《宋
会要辑稿》等相关文献，
找到了有关宣和殿的一些
史料记载。原来，宣和殿
是宋代宫廷藏书处的一个
机构。据史料记载：宋哲
宗即位后，以睿思殿为神

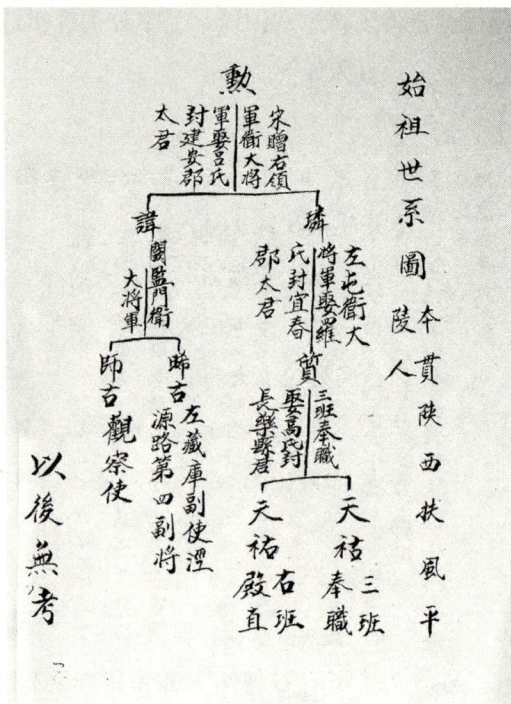

《窦氏家谱·始祖世系图》

宗所建，不敢燕处，乃即睿思殿之后苑隙地百许步，增修一殿，名宣和
殿。到绍圣二年（1095）四月，宣和殿建成。元符三年（1100），宋哲宗
病死，端王赵佶被立为皇帝，即宋徽宗。向太后实行垂帘听政，全权掌
管国家一切事务。在此期间，为臣僚论列，宣和殿被拆毁。宋徽宗亲政
以后，复建宣和殿，并作为其燕息之处。大观二年（1108），对宣和殿重
加修缮，宋徽宗亲书为之记并刻诸石。重和元年（1118），又改年号为宣
和，于是宣和殿改为保和殿。

　　又据《宋会要辑稿·崇儒》记载，宣和四年（1022）诏建局对三馆图
书"以补完校正文籍名，设官综理，募工缮写，一置宣和殿，一置太清
楼，一置秘阁"。可见，北宋后期宣和殿是皇室一重要的藏书处所，其地
位与藏书数量同太清楼相等。南宋文学家洪迈在《容斋续笔》卷一五《书

籍之厄》条中记述宋代书籍散亡时有曰："宣和殿、太清楼、龙图阁御府所储，靖康荡析之余，尽归于燕。"可见，此处将宣和殿列作北宋皇室三大藏书处所之一。宣和殿不但所藏图书丰富，还有大量历代名画、书法真迹。在政和五年（1115）四月二十一日，始置宣和殿学士，班在延康殿学士之下，以两制充，蔡攸首任宣和殿学士。政和七年（1117），又以宣和殿学士蔡攸为宣和殿大学士，宣和元年（1119），因犯年号，在宣和殿改为保和殿的同时，改为保和殿大学士。

由上述宣和殿的史料记载可以看出，宣和殿学士设置在宋政和五年，即1115年，到宣和元年（1119）时，宣和殿因犯年号忌讳更名为保和殿，一共存在了四年的时间。而在窦氏家谱中关于窦府君碑铭有序的落款处则写的是"大宋崇宁四年"，即1105年，这一年尽管宣和殿藏书楼已经建成有十年了，但是此时还尚未设置宣和殿学士。直到政和五年四月，才开始有宣和殿学士及随后的宣和殿大学士，并且蔡攸为首任宣和殿学士。因此，综合以上史料考证，我们可以推断出《窦氏家谱》修撰者在制谱过程中添加附会内容是确凿无疑的，而且年代和官职还出现了错乱。

尽管《窦氏家谱》中有错讹臆造的成分，但其中也记录了一些值得引起我们关注的内容。例如，有关窦将军墓的情况，有记载道：

> 外东有石幢，前镌经文，后列父祖封号及地界照官等，今已残缺难尽识。勋祖墓侧有明万历三十九年重修祖茔碑记，内载鼻祖璘，以有宋戚畹赠右卫将军，再赠右屯卫大将军，祖母罗氏赠宜春郡太君，再赠安化郡太君。因追赠父勋右领卫大将军，再赠左骁卫大将军，母吕氏赠建安郡太君，再赠普宁郡太君。与此小异，细阅石幢，存有右卫将军及安化郡太夫人封号，想明时尚可考而识也。又有奉大内庆国窦夫人懿旨字，盖元祐八年建碑记。又言窦氏南北异里，军匠民异籍，余户固属北里为民籍云。

从这里可以看出，窦氏祖茔在明代万历年间曾经重修过，并有碑刻记载了始祖窦璘以降的一些族人奉祀情况。需要说明的是，此处有关窦将军世系记载与上文中我们讨论的那些记载存有不同，还有待以后做进一步的分析考证。比如，如果能够找到明末年重修祖茔碑记的详细碑文内容，则可能有助于我们对窦氏家族自宋到清的演变把握得更深入全面透彻一些。另外，比较有意思的是，有关"奉大内庆国窦夫人懿旨字""窦氏南北异里，军匠民异籍，余户固属北里为民籍云"的记载，或许又向我们透露了窦氏东一支原系"民籍"的历史元素。而此处的"庆国窦夫人懿旨字，盖元祐八年建碑记"记载，则又涉及一个我们一直没有充分展开讨论的问题，即庆国窦夫人究竟是谁？以及前文讨论中反复出现的"懿德保顺懃惠肃穆夫人"真是窦氏家族始祖窦璘之女吗？如果是，那这位肃穆夫人的身份地位究竟与窦庄村望族窦氏存在怎样的历史关联？要想解答这些疑问，还需要更进一步的史料来证实。

在此，我们暂且结合现有的一些结论以及相关史料梳理来再作一些分析讨论。在《宋会要辑稿》中有这样三则史料记载：

> 哲宗元祐四年十一月六日，诏庆国夫人窦氏，今遇明堂，可依例许封赠三代。十八日，诏庆国夫人窦氏每遇明堂大礼，特许奏有服亲一名恩泽。绍圣二年十一月八日，魏国福康惠佑夫人窦氏奏："蒙恩进封，欲乞与侄窦晞古等推恩。"诏窦晞古特与三班借职。三年六月十一日，魏国福康惠佑夫人窦氏言："本位掌官张遇等四人到位岁久，备见勤劳，乞依吴楚国安仁保佑贤寿夫人张氏例，各与转官一等，仍旧祗应。"从之。
>
> 元符三年，徽宗即位，诏神宗乳母进封韩魏国保圣赞慈安仁贤寿惠和夫人。建中靖国元年四月诏曰："锡名十字，疏地两邦，曾未足以称万一而厌予志也。是用度越旧章，发扬显号，峻超列品，增畀大名。脧报礼之隆，益介寿祺之永。"遂以为两朝佑圣太夫人，品秩视贵妃。

哲宗韩燕国翊德保顺勤惠肃穆夫人窦氏，元丰八年四月封安康郡夫人，元祐四年三月封庆国夫人，绍圣二年十月封魏国诏：加号福康惠佑，元符三年正月诏以先帝寝疾弥留，尚隐蔽不以闻，降扶风郡夫人，建中靖国元年五月复魏国夫人，崇宁元年正月封楚越国，加号"翊德保顺"。四年三月卒，赠韩燕国加"勤惠肃穆"四字。

除了第二则史料外，第一、第三两则史料均与上述我们提及的窦夫人、肃穆夫人的疑问有直接关联。在第一则史料中，其主要意思是说，宋哲宗元祐四年十一月，皇帝下诏庆国窦夫人，今后凡"遇明堂"（即祭祀祖先、朝会、选士等大型的朝廷活动），即可奉赠三代内的族人以一定的职位，并且可以恩泽服亲一名。到绍圣二年十一月的时候，魏国福康惠佑窦夫人上奏皇帝说，欲将其堂侄窦晞古等人"推恩"，恩准后，窦晞古被封为"三班借职"。从这两则史料中，可以发现，庆国夫人窦氏和魏国富康惠佑夫人窦氏即是一个人，正如第三则史料中所言，窦夫人在元祐四年被封为庆国夫人，五年后又被封为魏国夫人，加封号富康惠佑。由此，我们可以推断出窦夫人身份为窦璘之女，之前所讨论的肃穆夫人也可以确定。不过，在李偮撰写的窦府君碑铭有序中对肃穆夫人是一片溢美之词，称其侍奉皇帝前后达三十年，勤劳贤惠，恩泽后人。但第三则史料中还记载了元符三年宋哲宗病危弥留之际，这位窦夫人却"隐蔽不以闻"，结果被降为"扶风郡夫人"。一年后，宋徽宗又恢复了其魏国夫人的身份。崇宁元年再次加封号"翊德保顺"四字，三年后窦夫人去世，再次被敕赠"韩燕国懃惠肃穆"的身份。到此，我们即可还原在《窦府君碑铭》中出现的"韩燕国翊德保顺懃惠肃穆之皇考也"对于窦氏家族能够作为泽州端氏沁河沿岸望族的历史背景了。

不过，还有一个疑问就是窦夫人究竟是不是宋哲宗的妃子呢？现在流行的一些说法都认为肃穆夫人即是宋哲宗的一个妃子，所以，凭借皇妃的地位才使得窦氏族人恩泽有加，成为显赫之族。即使在上述三则有关窦夫人的史料中也尚未直接说明她就是宋哲宗的嫔妃。我们检索《宋史·后妃传》《宋会要辑稿》等史书，也没有发现窦姓妃子的存在，所以，至少基本可以判定窦夫人并非宋哲宗的妃子。有意思的是，我们在《续资治通鉴长编》卷五二〇中发现了这样的记载：

> 降大行皇帝乳母魏国福康惠佑夫人窦氏为扶风郡夫人，乐安郡夫人李氏为陇西郡君，永嘉郡夫人陈氏为颍川郡君，司闱马氏为章闱，司正白氏为典正，司赞王氏为典赞，才人韩氏为红霞披。以大行皇帝弥留，侍疾无状，及蔽匿不以闻故也。（建中靖国元年五月己巳，窦氏复魏国夫人，陈氏复君夫人，白氏口封司字，马氏口封典字，以责降逾年故也。王氏、韩氏不见口复。）皇太后谕云："先朝妃嫔当进封。"又云："大行乳母窦氏并本殿中伴人久在大行左右，自去岁来，大行饮食不进，至有全不进晚膳时，一切掩覆，并不曾来道。直至疾势已深，尚不肯言，理当削发屏逐；然不忍如此，直须降黜。又韩才人者不是房院。宫中呼嫔御郡君、才人以上为房院。

这则史料明确的标明窦夫人为皇帝乳母，也就是类似我们现在的奶妈。不过，这里主要记述了窦夫人的过失问题，即在宋哲宗患病期间，未能悉心照顾，没有及时向皇太后陈明皇帝病情恶化而不能进食的事实，结果遭到了降黜的处分，即由原来的魏国富康惠佑夫人降级为扶风郡夫人。显而易见，窦夫人在宫中的真正身份是侍奉皇帝日常生活的奶妈，而并非嫔妃。但是将前三则史料和此处的史料综合起来看，即便是陪伴皇帝左右的乳母，其地位也不容小视。从其多次被敕封各种头衔称谓以及死后又被宋徽宗赠为"韩燕国翊德保顺憨惠肃穆夫人"即可见一斑。其实，现在我们所能看到的关于窦氏家族的各种话语表述，基本都是以肃穆夫人为着眼点，将其看作是窦姓望族兴起的最重要人物。也有人据《窦氏家谱》指出，窦氏望族其实并不是受到肃穆夫人的恩泽，而是因为其祖先曾辅助宋仁宗平乱而获赠典，所以其父、祖才有左屯卫大将军、右领卫大将军的头衔。奇怪的是，笔者从《窦氏家谱》中始终未找到这样的记载，而且这一点也与本书中前文讨论的《窦府君碑铭有序》中的记载不一致，也没有发现这方面的直接史料记载。综上来看，笔者倾向于赞同肃穆夫人事迹与窦氏望族形成的历史关联。

2. 祖荫之下："英雄祖先"与家族再造

人类学家许烺光曾在《祖荫下：中国乡村的亲属、人格与社会流动》一书中，以云南喜洲居民的生活变革讨论了即使历经外在的政治、经济、军事等诸多变化，但内在于中国人生活中的文化模式——"祖荫下"却变化不大。也就是说，中国人在习惯上都是生活于祖荫庇护之下的，也许形式表现不一，但这一模式始终存在。借用许著的说法，笔者也将窦庄村窦氏家族的历史演变看作是一种"祖荫之下"的祖先崇拜和家族再造。并且是在一种"英雄祖先"的名义下开始营造窦氏家族史，不管其采用了什么样的途径和方式，都试图表明他们一直都是受祖宗保佑才延续下来的。

笔者在田野调查中发现，村民们一般都认为窦氏家族后人以武将居多，窦姓族人骁勇善战；相比之下，张氏家族以文官居多，后来也有不少武将产生。事实上，不管文官还是武将，在家族后人眼里他们的祖先都可以被视为一种"英雄"。此处的"英雄"二字泛指其先祖在各方面所取得的功勋和荣耀，也可看作是祖先崇拜的一种具体表现。具体到窦氏家族而言，其英雄祖先的史实可以追溯到窦府君墓碑及其父辈窦勋之上。在《窦府君碑铭》中记载的窦勋为"宋赠右领军卫大将军"，窦璘赠为"左屯卫大将军"，窦质三班奉职，窦晞古三班借职，窦天祐三班奉职，窦天祐右班殿直。要对这些官职做出评判，就需要对它们的地位和作用有一番了解才行。在《宋史·职官志》中有记载：诸卫上将军、大将军、将军，并为环卫官，无定员，皆命宗室为之，亦为武臣之赠典。此外，三班借职、三班奉职、右班殿直等官职在宋朝武官中属于最低阶行列，奉职高于借职而又低于殿直。而且在官职中的"封"和"赠"两字含义也不同，前者是对活着的在职人氏加爵封赏，而后者则是对已经死去的人氏敕赠的封号。这样一来，我们看窦氏先祖窦勋及其子窦璘的官职尽管位居五品官阶之列，但因为是敕赠，所以称其为"右领军卫大将军"和"左屯卫大将军"则未必是在战场上立下过汗马功劳的武将人才。在北宋后期的武将制度设置中，对武将的敕封一般有"骠骑大将军""冠军大将军""宣威将军""振武副尉""校武副尉"等称号，而所谓的右领卫大将军、左屯卫大将军、副都指挥使等则是夹杂着一些武职的文臣才使用的称号。所以，窦将军墓碑中记载的窦氏祖先很可能只是朝廷奉赠的一些虚职，并不具有战功显赫的事迹，由此窦将军墓茔也成为北宋末期敕封的戚畹之地。不幸的是，随着宋王朝南渡江南后，作为戚畹之地的窦将军墓茔也沦落得无人问津了。直至明清之际，窦氏后人开始修谱造族才续接了三四百年前英雄祖先的显赫事迹。

由于目前我们尚未找到南宋、金、元时期窦氏家族的具体史料，比如窦将军墓茔中的墓志铭碑刻等，还无法还原和勾勒出几百年间这一沁河沿岸望族的兴衰演变过程。但是，依据后人修撰的支系家谱及窦氏后裔的科举功名事迹则可能显示出再造家族的历史图景。下面我们结合田澍中、贾承健的《梦回沁水》一书中列举的《窦氏英才名表》以及《窦氏家谱》中的"世系""行实""戚属"等内容来看一看作为地方望族在再造家族中的具体表现。

在《梦回沁水》中，两位作者一共罗列了窦氏族人在明清时期获取科举功名者和敕赠者四十余位，并认为窦氏再铸辉煌、重振雄风是从明代嘉万年间开始的，至清代乾嘉年间达到了高峰。具体列举如下：

进士（三人）：

窦心传，清嘉庆六年（1801）进士，知县职，代理知府，正七品。

窦奉家，心传之子，清道光二十四年（1844）进士，官贵州遵义府知府、署（代理）贵西兵备道，赏戴花翎，记名道，正四品。

窦湜之，奉家之子，清光绪九年（1883）进士，未入仕。

举人（十人）：

窦杰，明嘉靖三十四年（1555）举人，官太仆寺寺丞，正六品。

窦如璧，明万历三十一年（1603）举人，山东城武县知县，正七品。

窦复侭，明天启七年（1627）举人，江西南康府推官，正七品。

窦瑛，明崇祯九年（1636）举人，官职不详。

窦复僖，清顺治五年（1648）举人，江南贵池知县，正七品。

窦复伸，清顺治十一年（1654）举人，湖南宜章知县，正七品。

窦瑀，清顺治十四年（1657）举人，汾州教授，正七品。

窦荣仁，清康熙二十年（1681）武举，考职卫千总，未赴任。

窦铤，清乾隆三十六年（1771）举人，官职不详。

窦湘传，清嘉庆十二年（1807），榆次教谕，正八品。

其他官职（十八人）：

窦绅，明永乐二十一年（1423）贡生，安徽祈门教谕，正八品。

窦安，明成化十一年（1475）贡生，苏州吏目，从九品。

窦煋，清顺治十八年（1661）贡生，考长知县，正七品。

窦汝寅，清乾隆十四年（1749）贡生，芮城教谕，正八品。

窦希燕，明嘉靖二十三年（1544）贡生，河北香河教谕，正八品。

窦如乾，明天启七年（1627）贡生，山东郓城县教谕，正八品。

窦瑄，明锦衣卫镇抚，从五品。

窦明运，清顺治年间游击署参将事，约从三品。

窦明远，清顺治年间广东化石营守备，约从五品。

窦明道，清顺治年间广东抚标守备，约从五品。

窦应泰，明运之子，难荫，清顺治年间广东协中军都司，后升龙门都阃，正四品。

窦应寿，明运之子，恩荫，初授直隶杜营守备，约从五品。

窦应备，清顺治年间广东抚标守备，约从五品。

窦斯在，清保安县知县，正七品。

窦纪元，清绛县教谕，正八品。

窦濬之，指分陕西藩库大使，从九品。

窦云龙，武生，营千总，约正六品。

窦胪传，军功六品衔。

封赠（十一人）：

窦明运，广抚中军，以死难赠副总兵，谥"英烈"。

窦泰，明运父，赠怀远将军。

窦世俊，汝寅父，赠芮城教谕。

窦如乾，复俨父，山东郓县教谕，赠江西南康府推官。

窦缙，如璧祖，赠山东武城知县。

窦养浩，如璧父，赠山东城知县。

窦再蛟，如珍父，封江西万载县典史。

窦嘉祉，瑀父，赠汾州府教授。

窦继绪，心传祖，赠通奉大夫。

窦铭，心传父，赠通奉大夫。

窦井家，庠生，赠儒林郎。

从以上关于"窦氏英才"的名录中，我们可以看出从明嘉靖末年起，才开始有功名者产生，到清末，大小官职名位，时有产生。但是，不知为什么该书两位作者并没有注明这一长串窦氏族人功名录的具体出处，将这些窦姓人都看作是窦庄村人，难免令人生疑。在田同旭、马艳二人主编的《沁水县志三种》（分别为清康熙、嘉庆、光绪三朝版）中，笔者发现上述窦姓人氏及功名情况。很显然，《梦回沁水》中的记录情况即是从清代版三种《沁水县志》中摘录出来的，不过其中存在的一个比较明显的问题就是没有留意同姓不同村的情况。例如，康熙版《沁水县志》卷之六"举人"篇记载：

（明代）窦如璧，鹿路北里人，万历癸卯举人，任山东城武知县。窦复俨，鹿路北里人，如乾长子。天启丁卯举人，任江西南康府推官。窦瑛，鹿路北里人，崇祯丙子亚魁。（清代）窦复僖，如乾次子，顺治戊子举人，任霍州学正，升江南贵池知县。窦复伸，如乾三子，顺治甲午举人。窦瑀，鹿路北里人，顺治丁酉举人。

在嘉庆版《沁水县志》卷之六"举人"篇记载：

（明代）窦如璧，鹿路北，万历癸卯，任山东城武知县。窦复俨，鹿路北，如乾长子。天启丁卯，任江西南康府推官。窦

瑛，鹿路北，崇祯丙子亚魁。（清代）窦复僖，如乾次子，顺治
戊子，任霍州学正，升江南贵池知县。窦复伸，如乾三子，顺治
甲午，宜章知县。窦瑀，西曲里，顺治丁酉，汾州教谕。

在光绪版《沁水县志》卷之六"举人"篇记载：

　　（明代）窦如璧，山东城武知县。窦复俨，如乾长子。江西
南康府推官。（清代）窦复僖，如乾次子。霍州学正，升江南贵
池知县。窦复伸，如乾三子。宜章知县。窦瑀，汾州教谕。

可以从中看出，除了窦瑀在嘉庆版县志中的籍贯地改为西曲里外，窦
如璧、窦复俨、窦瑛、窦复僖、窦复伸等人均是鹿路北里人，而不是西曲
里人。前文也指出过，窦庄在清初称为西曲里。根据县志记录的情况，同
时出现鹿路北里、鹿路南里、西曲里三个地名，所以，可以判定鹿路应该
是一个不同于窦庄的地名。这样的话，《梦回沁水》的作者将所获得过科
举功名的窦姓人看作是"窦庄英才"显然是不妥的。窦姓在整个沁河境内
属于大姓，其始祖可以追溯到陕西扶风平陵，但却未必都是同一族支的。
笔者在此考证这一点，就是要试图说明窦氏家族史中的"英雄祖先"在家
族再造过程中是如何被不断赋予或改变了一些历史元素的，或者说，是如
何经历了一个"层累地"造成家族史的历史实践。那么，我们通过探讨历
史细节的来龙去脉，以尽量回到沁河沿岸这一显赫家族的历史起点，就不
是一件无意义的事情了。

　　除了上述窦姓族人的功名职位情况能够让我们了解窦氏家族的"英雄
祖先"问题外，我们在清代版《沁水县志》中还可以找到部分人的传记史
料。如窦容邃写的《保安令窦公传》，窦克勤写的《窦明运传》，冉觐祖
写的《窦瑀传》，以及在《清史稿·列传》中关于窦氏家族第一个进士窦
心传寥寥几笔的传记。把这些个人传记放在一起来看，撰写窦明运的内
容较多，并在雍正版《泽州府志·节行》篇中也撰有窦明运此人事迹。另

外，撰写者身份也比较有意思，窦容邃、窦克勤均是河南柘城县人，冉觐祖是河南中牟县人。窦容邃在前文的分析讨论中已经有所涉及，他是康熙四十四年（1705）的进士，官至四川新宁知县，后迁至山西应州任知州，乾隆九年（1744）的时候又转至忻州任知州，并重修了《忻州志》，《窦氏宗庙祀记》也出自其手。窦克勤也是康熙年间的进士，清代著名的理学家。窦容邃和窦克勤都被看作是沁水窦氏后裔。冉觐祖也是康熙年间进士，授翰林院检讨，长期致力于理学思想研究。窦容邃在撰写窦氏宗庙祀记中即指出他在赴四川任职，到沁水窦庄拜谒祖先墓茔，结果族人们都觉得后人有责任把祖先祭祀搞起来，传承下去，否则随着时间流逝，祖茔墓碑将会被湮没，后裔子孙也会逐渐淡忘祖辈的存在。因为前文已有相关考察分析，对此不再赘述。笔者感到好奇的是窦明运此人为何会受到河南柘城窦氏后人窦克勤的重视和关注，并为其写传？在康熙版《沁水县志·武举》篇中这样记载道："窦明运，任游击官参将事，从征屡奏捷勋，后阵亡，赠副总兵英烈将军，赐谕祭葬恩荫。"此外，并无具体史实记载下来。到雍正时期，《泽州府志·节行》中载有《窦明运传记》一则，具体如下：

窦明运，字享吾，一字更生。窦庄人，明张忠烈铨故里也。幼倜傥有大志。国初，仗剑谒亲王于辕门，安徽中丞奇之，召隶麾下。逾三年，中丞李来益稔其能，委捕沔池，赵正贼望风解散。既而李调抚广东，提授抚标中军游击兼管左营。时粤初定，红旗贼梁标相等，抄掠郡县，而东山白水诸地胥负固。明运部精兵五百，擒东山伪总兵周琼飞、张权玺，斩西山伪总兵张易能、林志昂等。阅二年，群盗以次平，寻协守肇庆。甫入城，贼兵四合，笑曰："岂以我远来疲敝耶？"开壁迎战，大破之。已又调剿罗定，力战连破二十寨。贼将罗成基骇溃无何，复犯罗定，战屡捷，而贼驱数万逼城下。明运曰："吾兵寡，昼易为所乘，不如夜击之，彼不我测。"乃夜率士，鼓而出，奋臂大呼，众皆殊死战。贼散，复聚者数四已，而师逼深沟，不能军。北向拜曰：
"臣力竭矣。"复顾家丁曰："幸语吾弟，速归事老母。"遂拔
剑自刎。当转战时，贼中呼为缘旗，窦将军粮援不至，犹搏战累
日。事闻，诏赠英烈将军，予祭葬；子应寿难荫，守备广东龙门
都司。明运殉难时，应寿生甫六龄。

可以看出，从康熙版《沁水县志》到雍正版《泽州府志》，有关窦明
运生平事迹很简单的一句话变成了一个前后关联的屡次剿灭贼寇直至最终
战死的英雄人物故事。在后面的这则传记故事中，开篇就指明了窦明运
为窦庄人，并且将其和明代窦庄村另一英雄张铨相提并论，是富有深意
的。张铨是张氏家族中很典型的人物，因其抗击农民起义军，维护明王朝
而战死，被朝廷赠为"忠烈"，并在各地建有张忠烈祠，以供后人瞻仰祭
拜。后文中，我们还会详细地展开讨论。实际上，窦明运的死也是为了维
护清朝廷的稳固和安宁，屡剿贼人，屡获成功，其英勇事迹被传为佳话。
另外，窦克勤在嘉庆版《沁水县志》中撰写的《窦明运传》一文则基本是
以雍正版县志中的传记内容为底本重新加以编撰而成的，不过，窦克勤也
在一些事迹细节和侧重点上作了发挥，传记篇幅也较前者为多。例如，他
将雍正版传记开头一句话中的"明张忠烈铨故里也"删除后，改为了"窦
明运，字更生，窦庄人。宋右领卫大将军始祖勋之裔孙也"。这一改动，
对窦氏家族后人而言，不容忽视。前者实际上凸显了张姓家族的英雄事迹
和显族地位，而后者的改动，则将窦氏家族的显赫地位和功名事迹追溯到
了北宋末期窦勋身上。很显然，窦克勤在撰写窦明运传记的时候是有意而
为之，这样从康熙版简单的一句话到雍正版的传记，再到嘉庆版的传记，
内容已经发生变化了。窦克勤试图在叙述窦明运英雄事迹的同时，更注
重突出家族的影响力对子孙后代的塑造作用。如，其中还写道："拜别慈
闱，谓：'承欢膝下，兄若弟责也。儿志在四方，愿立尺寸功。'母壮其
志，励之忠，以成孝"，"回顾家童吴张曰：'吾以忠成孝，在此一举。
但母老子幼，归语尔吾主，勿图功名。速携眷归故里，奉养老母，吾死无

憾"，"荫其子应寿……应寿后升龙门都阃，持己清慎，训士严明，犹有将军遗风"。从字里行间中，在在显示了窦克勤为窦明运作传时以突显窦氏家族"忠孝"传统和"窦将军遗风"的重要性。或者说，也正是因为有了良好的"英雄祖先"传统才使得窦氏后裔一代一代为朝廷贡献自己的力量，同时也造就了望族显赫地位的合法性。

关于窦明运传记的问题，田同旭、马艳在《沁水历史文存》中收录了嘉庆版《沁水县志》中窦克勤写的传记，但他们没有注意到康熙版《沁水县志》、雍正版《泽州府志》中窦明运生平事迹由简单变得丰富复杂这样一个细节问题。不过，他们在传记一文后又附加了如下说明：

> 沁水历史上有两位死于战事的将军，即张铨与窦明运，皆为窦庄人，且为窦庄两大望族中人。很有意思，张铨死于明末辽东抗清战事，被俘后对明王朝忠贞不贰，自刎于清军狱中，非常忠烈，故谥忠烈公。窦明运死于清初广东攻打抗清战事，在围城之中，生还无望，北向再拜父母，然后仰天自刎，非常英烈，故谥号英烈将军。二将军死前之情形几乎相似，一个南向而拜朝廷父母后自尽，一个北向而拜朝廷父母后自杀。然而朝廷的谥号不同：忠烈与英烈，一字之差，春秋之笔，褒贬分明。所以，沁水县城建有忠烈公祠，即使在清朝，张铨也一直受到县民的崇敬怀念与祭祀。沁水没有给窦明运建祠，只在县志中留下传记，且传记作者窦克勤还不是沁水人，仅仅是窦氏本族子孙，不想让这位英烈将军湮没英名，方作传志之。窦明运临死前的几句话，非常令人深思："吾以忠成孝，在此一举"，"归语尔吾主，勿图功名。速携眷归故里，奉养老母，吾死无憾"。张铨死于忠义，窦明运死于孝义，二者是否有所区别呢？只有窦克勤心知肚明，史家更有眼力。张铨入《明史·忠义传》，窦明运在《清史稿》中，不仅无传，竟然连一点踪影都没有。对此，不知又该如何思考？

对张铨与窦明运传记的这一点说明文字，有助于我们进一步去把握窦庄两大望族子孙英雄事迹的发展演变问题。但是，笔者对此，也有一些略微不同的思考。其一，就是张铨和窦明运两人死前的情形既存在类似的地方，也有不同的地方。张铨在辽东抗清是为了维护明王朝的统治，以抵御满人的进攻，显示了一位将军对朝廷的忠诚和献身壮举；窦明运在广东是为了稳固清王朝的统治和地方秩序，以镇压贼乱，也是显示了一位将军对朝廷的效忠和贡献。形式上不同，但两者的目的指向一致，都是为了自己所供事的王朝需要。所以，即使到了清朝，张铨的英勇事迹能够得到朝廷的褒扬，就是用其忠于朝廷的壮举以示后人，要像张忠烈公一样效忠于新的清朝统治者。而窦明运的英雄行为恰恰就是通过镇压地方贼民来向世人说明，不要对清朝廷发起反叛之乱，相反要顺从清廷统治者。至于张铨为何能够进入正史记载，而窦明运则于正史中了无踪影，这与两人的官职和功名地位差异有关外，还应该考虑到《明史》是由清朝统治后组织专人撰写的，通过对前朝英雄人物的忠义行为推荐褒奖以达到巩固统治基础的目的。事实上，张铨和窦明运两人都是死于忠义，不应将前者看作是死于忠义，后者死于孝义，之所以会有此看法的原因就在于窦明运传记的作者窦克勤。正是通过他的手笔，在叙述窦明运的英雄事迹时过于侧重其家族孝道传统的承继，而他这么做，很可能就是为了再造窦氏家族的现实考虑。

就上面的分析讨论，我们还是无法明确解释窦克勤为何会为原来沁水的窦氏后人窦明运作传这一事实。不过，结合前文中的一些讨论，笔者认为，很可能与明代嘉靖二十二年河南柘城窦氏后裔开始修撰《窦氏宗谱》这一事情相关。窦斯曾指出窦庄窦氏向来就无谱系可考，怎么会有后来焚谱一事？而且，他也坦言，直至明清时期，才有修谱以祭祀祖先的诉求。河南柘城窦氏后裔为了修谱，自然会到窦庄寻根问祖，窦容邃在《窦氏宗庙祀记》中清楚地指出他到窦庄拜谒祖先茔地，谈及族人应该祀祖的问题，得到当地族人的纷纷响应。所以，我们或许可以认为，窦庄的《窦氏家谱》的撰写很有可能正是借助于河南柘城窦氏后裔修撰族谱而开启的。而且，从《窦氏家谱》中可以看出，这是一部很不成熟的家谱，拼凑的痕迹随处可见。该家谱附录中也明确地说明《阖族旧谱》来自河南柘城，即是便于日后修谱时参考所用。窦克勤撰写窦明运传记，窦容邃撰写窦斯在传记和《窦氏宗庙祀记》，主观上是为了他们柘城这一支系世谱寻找"英雄祖先"，同时在客观上也为沁河沿岸窦庄村窦氏家族传统的再造提供了文本。

下面，我们再根据《窦氏家谱》中的一些记载对窦庄窦氏家族作一些交代，毕竟这也是目前我们能见到的关于这一地方望族的直接史料。在"世系"篇中有如下世系图表：

			汝成	七世	讳阙本户共祖	一世	东户一门世系图（户分四门）邑西曲里一甲民籍
			蕴玉	八世		二世	
镒	（一日钵）钵	（铼）鍊烁	钱	九世		三世	
应昇 应斗	应星 应垣 应魁	应禹（一日宇）应昌 应高	应期（此支流寓）	十世		四世	
						五世	
					以上讳失考	六世	

《窦氏家谱》记载道：

> 以上二世除本支另叙外，考未甚清，不敢依父子相承例，谨
> 于所知者，某下书某子矣。考清重叙相期。无。再应期祖一支，
> 子孙居鹿甚明，但此二世止星祖一支坟墓历历可据外，有不甚清

者仅一二家，意居鹿者，不仅期祖一支也。吾户上世，每一世以一字相排，如汝字，蕴字，金旁，应字，四门俱无异。至荣字世有以德名者，自此以下，始参差矣。吁！愈分愈远，亦势之使然。然论睦族之谊，仍以相排为正。吾户原西曲里五甲人，后归并一甲（年限失考）。又与北户分五甲上下云。

结合上面的世系图表一起来看，可以发现，修谱者主要记述了窦氏本支二世的基本情况，并且居住在一个名为"鹿"的地方。这里提及的"鹿"地应该就是前文讨论中"鹿路北里"和"鹿路南里"两个地方。这也恰好证实了笔者之前的推断是符合历史事实的，即窦氏家族后人中科举功名者未必都是窦庄一村的，应该注意到其世系支派的不同居住地。而且，也可以确定修谱者所属族户就是西曲里人，其户分"钱、錬（炼）、钵、镒"四门，均是民籍。接着，又将本支世系情况造表如下：

										本支世系图
							镒		九世	
							应昇		十世	
			荣爵		荣义		荣仁		十一世	
			乃常	乃积	乃见	乃捷	乃武	乃文	十二世	
汉伯？	汉朝？	汉弼？	汉佑		汉卿		汉辅		十三世	
	光先？	有庆？	有功（出嗣）	有则，（出嗣）光先（原名）	有品	有庸	有典		十四世	

上面的《本支世系图》即是修谱者所属窦氏家族一支情况的说明，如果我们暂且把《窦氏家谱》的作者看作是窦汉辅的话，那么，本支世系显

然就是指其所在第十三世代，以及上推至第九世系高祖"镒"字辈、曾祖"应"字辈和父亲"乃"字辈。（表中标有"？"的世代名字，是笔者从家谱中发现明确有误和混乱不清的地方，还需要有史料加以核实，特此说明。）从这些世系图中，一个值得注意的问题就是这一支中的窦氏族人大多是我们前文讨论中很少涉及的，除了窦荣仁、窦汉辅二人外。这无疑又给原本就迷雾重重的窦氏家族史蒙上了一层历史面纱。就像窦汉辅在《窦氏东一支世谱略序》中曾指出的：

> 吾一户，祖至（余小子），历十有三世家，故寒故寒，素墓有无碣者，有字漫漶不可识者，即名字尚难尽考，遑问其他，则虽欲谱之，亦曷？从而谱之，然吾尝阅《弇山堂别集》，载有明初追祭上世，仅以行称，想其字其名，亦有不尽传者。帝王家尚然，矧在编户，况信以传信，疑以传疑，亦春秋法也。爰就本支中于所知者谱之，所不知者阙焉。略引起端，以俟后之人，非故略也。

由此，笔者推论这一支窦氏族人很可能并非窦庄村内的窦氏族人，而是端氏附近有窦氏居住的村庄。田野访谈中，窦庄村民告诉笔者，在沁河沿岸一带，窦姓人不仅多，而且村与村之间有攀亲带故的关系，复杂得很，家族势力也大。比如，窦庄、郭壁、曲堤、坪上几个村庄就时而合为一个村庄共同体，时而又分为各个村庄。

修谱者对本支世代系谱作了交代，接着在"行实"篇中对有据可载的祖先的字号、配偶、名位等生平概况进行了说明。尤其是对十世祖窦应昇、十一世祖窦荣仁，以及修谱者的父亲窦乃文三代均有简短的生卒年月、婚配、子孙等事迹记载，并专门强调了此一家族支系开始发家兴盛，起始于窦应昇在外经商贸易。即"……既壮贸易，长子高平间，远近悦服，积赀千余金，吾家至是始大云。"可见，到本支十世祖的时候，因为经商所得日益显赫起来。从一世祖"以农事开基"以降，经过世代繁衍生

一世本户共祖讳阙以农事开基令户分四门子姓繁衍兜裳济济为一族兜其积善之馀庆兴

二世至六世祖讳配俱失考 墓在本村西院家坪 附葬共祖世次排列未详

七世祖讳汝成配张氏子一人排墓右在河东二穴登情七

八世祖讳蕴玉配王氏子四人盖墓在河东

九世祖讳锰行四配刘氏子二人斗祖蚕辛女五人

钱祖行一配氏子一人附葬共祖坐八
铼祖行二配张氏子三人北附葬北第四穴
铃祖行三配田氏子三人北附葬北第二穴

十世祖讳应昇字腾窦嵂颛骘定慈祥人称长者

16.

《窦氏家谱·行实篇》

息，终因族人从事经济贸易往来发家致富。不过，据谱中记载，到了十一世祖窦荣仁因家道中落，即便考中功名，却因"养母念切，屡檄不赴"。其孝心在当地也传为佳话。结合这些内容来看，我们也大致可以判断出由窦汉辅撰写的《窦氏家谱》不是窦庄村窦氏家族这一支的系谱，而是以东门一支第九世祖窦锰以降的零散事实拼接起来的又一支系的家谱。至于这一支系究竟居住在何地，我们从谱中记载还不能准确判定。如果认定为就是窦庄村的，那至少该村窦氏不止一个支系。不过，笔者倾向于认为是其他邻村的窦氏后裔。在窦汉辅写的家谱略序中也有言曰："又言窦氏南北异里，军匠民异，籍余户固属北里为民籍云。"这一句话说明他在写序言过程中也不清楚窦氏家族世代演变的谱系关联，只是从窦勋祖墓侧边存留的明万历三十九年重修祖茔碑记中看到了这样的记载，于是就写在了谱序中。从这一话语中，我们可以获得两个有价值的信息，其一是窦氏家族分为南北两里居住，显然不只是窦庄村一处居所，具体这两里是指何处，还有待考证。前文已指出的"西曲里""鹿路北里""鹿路南里"的地名问题值得重视。其二，窦汉辅所在的这一族支属于北里，并且是民籍，那么，南里这一支即应该是军籍或匠籍。笔者在窦庄调查访谈期间，马晓秋老人多次说，窦家族人历史上以武将出名，多出武官，而张家族人多出文官。也许这些流传下来的家族信息并不是空穴来风，很可能即与此处提到的"军籍、匠籍、民籍"有关联。再加上，窦氏始祖窦勋、窦璘及后代多被敕赠为宋代大将军之头衔，因此，"南里"这一支很可能说的就是窦庄村的窦氏家族。

另外，修谱者也在《窦氏家谱》中绘制了《茔域系谱图》，其中记载的祖茔地点也不同于我们前文讨论的宋窦将军墓碑所在的窦庄村西向，由此再次印证了

《窦氏家谱·茔域篇》

与窦庄村窦氏家族不同支的判断。在家谱中一共绘制了五幅《茔域系谱图》：第一幅绘制的坟墓地点在"院家坪"，墓葬主人为一世祖至七世祖，有墓碑；第二幅绘制的坟墓地点在"河东盍柿域"，墓葬主人为第八世祖，有墓碑；第三幅绘制的坟墓地点在"河东莲花域"，墓葬主人为第九世祖、第十世祖、第十二世祖，有墓碑；第四幅绘制的坟墓地点在"河东五亩域"，墓葬主人为第十一世祖、第十二世祖，有墓碑；第五幅绘制的坟墓地点在"猴家山"，墓葬主人为第十一世祖及修谱者父亲，有墓碑。

在《窦氏家谱》中，还有关于"戚属"内容的记载，体现了本族支中各世代的一些姻亲关系。如：九世祖妣刘氏失考，有一女嫁给了郭壁村成国瑞令孙；十世祖妣郭氏是端氏镇郭公女，李氏是贾封镇李公女，其女嫁给了本村一个名为张天植的男人；十一世祖妣罗氏，是端氏寨上罗万爵之

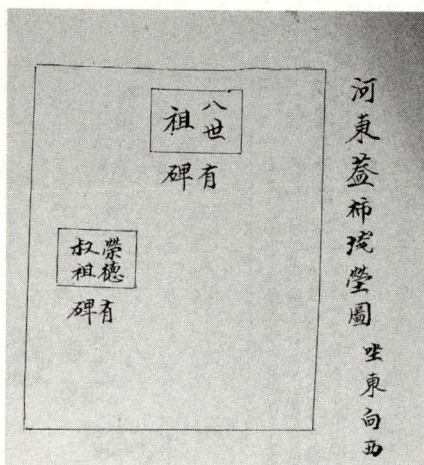

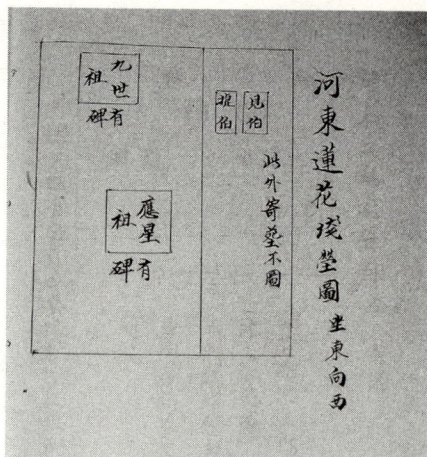

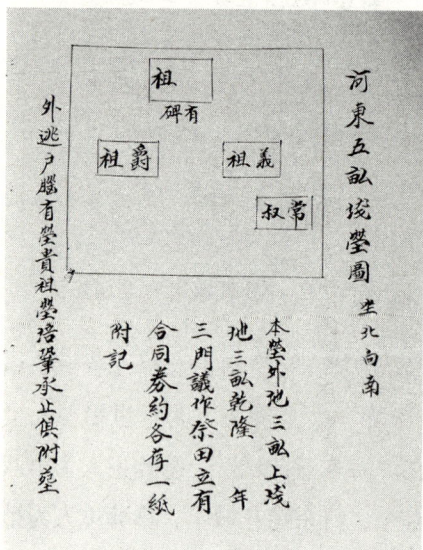

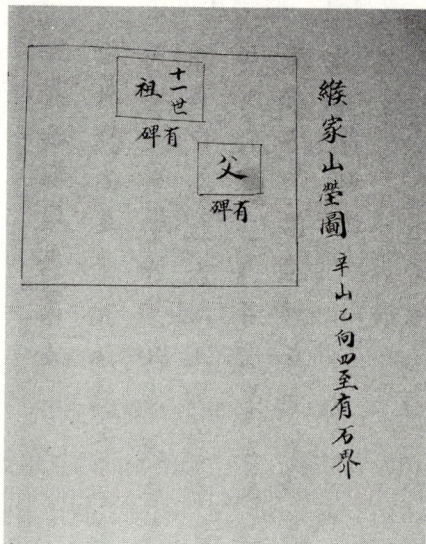

河東蓋柿凹塋圖 坐東向西

八世 祖 碑有

榮德 叔祖 碑有

河東蓮花凹塋圖 坐東向西

九世 祖 碑有

見伯 覩伯

此外寄塋不圖

應星 祖 碑有

河東五凹凹塋圖 坐北向南

祖 碑有

祖爵 祖義 叔常

外逃戶騰有塋貴祖塋培肇承止俱附塋

本塋外池三畝上凹
地三畝乾隆 年
三門議作奈田立有
合同券約各存一紙
附記

繆家山塋圖 辛山乙向四至有石界

十一世 祖 碑有

父 碑有

《窦氏家谱·茔域篇》

女，其女嫁给了樊庄增生常共交；义祖妣张氏，是本村庠生张国琛女，其女嫁给了霍家山的霍士华；爵祖妣韩氏，是郭壁恩贡生韩万户女，其女则嫁给了本村张作舟的儿子；十二世祖妣张氏，是本村张启元女，其女嫁给了李庄的进士李尽伦；叔妣王氏，是坪上村王文女，其女则嫁给了本村庠生傅心均，还有一女嫁给了李庄的李建勋之子；捷伯妣邓氏，是本村庠生林柱女；见伯妣赵氏，是郭壁赵公女，其女则嫁给了霍家山的霍文葱；常叔妣韩氏，也是郭壁韩姓家之女；积叔妣田氏，则是河西田姓家女，其女则嫁给了郭壁韩元欣之子。由这些窦氏族人衍生出的戚属关系网络，我们可以得知其婚姻圈所在地的大小范围。在沁河沿岸，除了窦庄村外，还有郭壁、端氏、贾封、寨上、樊庄、霍家山、坪上、河西等村庄，这些地方均是相距不远的邻村，并且分布在端氏周围地带。在田野调查中，沁河文化研究会的王扎根老师也多次说道，窦庄的窦姓、张姓、贾姓等人家，在过去都是端氏这一带的大姓，他们相互之间都是你来我往的各种姻亲

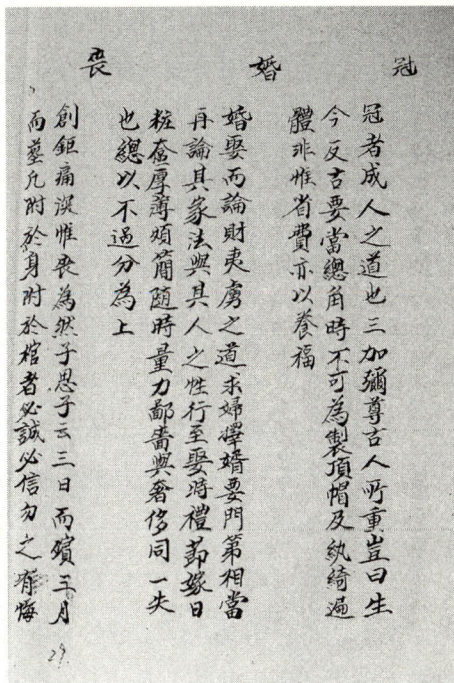

《窦氏家谱·家法篇》

关系，不是本家就是亲家，关系比较复杂。

　　如果说我们上述几个方面的分析讨论，都是以窦氏家族内在的世代轨迹为依据的话，那么，家谱中还有一部分内容则是借用传统儒家固有的一套人伦法则来作为窦氏家族的"家法"。细读这些"家法"，很明显看得出是修谱者从经典书籍中摘录编撰而成，所以，实际上可以将其看作是任何一种姓氏家谱中都会添加进去的内容。也可以说，修谱者的意图其实是想将那些外在的经典官方话语内化为家族自己的行事规则，如此一来，更能为家族的显赫地位赋予不容置疑的合法性。《窦氏家谱》具体包括冠、婚、丧、祭、饮食、衣服、居处、燕会、问遗、周恤、事尊长、处家众、待乡党、御婢仆、立品行、慎交游、勤职业、戒习尚、集古，以及必读之书、必看之书等二十项家法族规，真可谓言行举止的方方面面都涉及了。而且，如此详细周密的家训，体现的不仅是窦氏家族本身的历史沿革，

更彰显了传统中国儒家文化不断下移至普通民众日常生活的实践过程。用最简单的话来说，就是教会家族子孙如何做人、如何行事，其背后根本性的东西即是仁义礼智信的儒家伦理。在此，我们略举几例，以作进一步讨论。在家法"丧"条目中有曰：

> 总之，衣衾棺椁坟墓，宜尽心竭力，事期有益，毋务虚文。三年内万不可与宴会观戏、管闲事。凡居处、饮食、笑语，要皆与故时有异，庶为近之。若能守礼，有文公家礼在，期而曰齐衰重服也。即功与缌服，古人皆有数度，先生缘情制礼。又云：礼以义起，曷可忽诸？至正服之期，及齐衰五月三月，犹宜致慎。

这一条家法规训在于告诫族人，服丧期间应该全身心地投入到对亡者的祭奠中，不得嬉笑欢颜、进行娱乐活动等，而是要表现出失去亲人后那种痛不欲生的生活状态。实际上，也是将儒家典籍中的孝道伦理灌输至具体家庭人际关系的一种表现。如果说家谱中"丧"的内容主要是对生者与死者之间关系进行规训的话，那么，"处家众"则是教育现实生活中的族人如何为人处世、如何治家守道，等等。谱中记载：

> 治家之道，易卦尽之矣。象曰：家人男正位乎外，女正位乎内，男女正天地之大义也。盖如此，则家道正，此正言之也。家人有严君焉，父母之谓也。此推本而言，家道之所以正也。父父子子，兄兄弟弟，夫夫妇妇，而家道正，正家而天下定矣。此又举一家之无不正，而推之于治化也。象曰：风自火出，家人君子，以言有物，而行有恒，此修身之事，即大学身修而后家齐之旨也。……内之事，妇人之道，宜如是也。……象曰：王假有家，交相爱也。程传云：夫爱其内助，妇爱其刑家，此正所谓男正位乎外，女正位乎内也。象曰：咸如之吉，反身之谓也。此正家久远之道。更揭出反身总以修身为齐家之本也。然则治家者有曰宽、曰和、曰公，固一以贯

之，彼所谓忍者不足矣。凡我后人，敬而听之。

显而易见，《窦氏家谱》中记录的治家之道来自《易经·卦象》中关于家庭伦理秩序的种种言辞，并以此教导后裔族人当坚守父子、兄弟、夫妇之道，修身、齐家、治国、平天下方可实现。这一古老的传统训条能够一代代延续至近代中国，可以说就是依靠每一个家族世系繁衍生息的结果。即使在当前社会的建设和治理中，传统时代的家族文化伦理法则仍有值得继承和借鉴的地方，而不只是用所谓封建糟粕就可以涵盖得了的。

在窦氏"家法"中，还有一项族规体现在"集古"内容上。与其他家法规约相比较，这一条内容最为综合丰富，从总体上体现了修谱者对于窦氏家族能够源远流长、繁荣兴盛的期许。集古，顾名思义，就是综合古人先贤的名言警句，以作为自身为人处世的准则。即如谱中所言，"夫嘉言懿行，具于载籍者极博。诗云：高山仰止，景行行止。又云：不愆不忘，率由旧章。钦哉，勿忽斯言"。修谱者还将南宋时期著名湖湘学派创始人胡安国和三国时期诸葛亮的相关教子言论作为窦氏家训，而且，修谱者的长辈还专门邀请阳城一张姓人将此抄写下来，作为教育子孙后代的座右铭。所以，"是虽先儒格言，不啻吾家宝训也"。可见，集古篇对于窦氏家谱编撰而言有多么得重要。此外，又对《朱子家训》中的治家格言进行了抄录。众所周知，《朱子家训》是一部以家庭道德修养为主的启蒙教材，一般认为由明末清初著名理学家教育学家朱用纯所作。自问世后，即成为治理家族的经典文本，脍炙人口、家喻户晓、久传不息。因此，作为沁河沿岸的窦氏望族，自然在修谱过程中对其不可能不加以关注和重视。在此，我们将《朱子家训》转引如下，以供读者分享和体会其中蕴含的传统中国社会所宣扬的为人处世方法。

《朱子家训》曰：黎明即起，洒扫庭除，要内外整洁。既昏便息，关锁门户，必亲自检点。一粥一饭，当思来处不易；半丝半粒，恒念物力维艰。宜未雨而绸缪，勿临渴而掘井。自奉必须俭约，宴客切勿流连。器具质而洁，瓦缶胜金玉；饮食约而精，园蔬愈珍馐。勿营华屋，勿谋良田。三姑六婆，实淫盗之媒；婢美妾娇，非闺房之福。奴仆勿用俊美，妻妾切忌艳妆。祖宗虽远，祭祀不可不诚；子孙虽愚，经书不可不读。居身务期俭朴，教子要有义方。勿贪意外之财，莫饮过量之酒。与肩挑贸易，勿占便宜；见贫苦亲邻，须多温恤。刻薄成家，理无久享；伦常乖舛，立见消亡。兄弟叔侄，宜分多润寡；长幼内外，宜法肃辞严。听妇言，乖骨肉，岂是丈夫；重赀财，薄父母，不成人子。娶媳求淑女，勿计厚奁；嫁女择佳婿，勿索重聘。见富贵而生谄容者，最可耻；见贫贱而作骄态者，贱莫甚。居家戒争讼，讼则终凶；处世无多言，言多必失。勿恃势力而凌逼孤寡，勿贪口腹而恣杀牲禽。乖僻自是，悔悟必多；颓惰自甘，家园终替。狎昵恶少，久必受其累；屈志老成，急则可相依。轻听过言，安知非人之谮愬，宜忍耐三思。因事相争，安知非我之不是，须平心暗想。施惠勿念，受恩莫忘。凡事当留余地，得意不可再往。人有喜庆，不可生妒心，人有祸患，不可生欣幸。心善欲人见，不是真善；恶恐人知，便是大恶。见色起淫心，报在妻女；匿怨而用暗箭，祸延子孙。国课早完，即囊橐无余，可称至乐；家门和雍，虽饔飧不继，亦有余欢。读书志在圣贤，为官心存君国。守分安命，顺时听天，为人若此，庶乎近焉。

至此，笔者利用现有的碑刻、墓志铭、地方志、家谱，以及田野调查等史料对窦庄村窦氏宗族的历史面纱进行了多维度的分析讨论，试图为这一沁河沿岸地方望族的家族史勾勒出其本来的面目。通过前文的叙述和考证，我们可以看出，窦氏家族并不是现在的一般流行看法那样简单，而是历经宋、金、元、明、清几个朝代更迭；与此同时，家族子孙繁衍发展、寻根问祖不断再造祖先。限于史料，我们尚不能更深入地全面建构出窦氏家族的生成史，但以上所述将会为今后的研究讨论提供一些有价值的视角和思考。

三、张氏家族

1. 文武双全：张五典与张氏宗族的建构

在窦庄村，除了窦氏家族外，人们所津津乐道的就是张氏家族了，甚至可以说张家的历史地位和影响都超过了窦家。行走在村中的大街小巷，我们所能看到的大小古院落形成的窦庄古堡，基本都是明清时期建造起来的，并且张氏后人张五典在其中扮演了重要角色。所以，现在无论是当地人，还是外来的游客，凡是到窦庄游览参观过的，都会有一个直观印象，那就是窦庄古堡与张氏家族是紧密关联在一起的，其中最关键的人物就是张五典。从现有文献史料记载来看，张氏家族作为沁河沿岸的显赫家族为人所知晓，时间也大约是在明末清初这一段时期。这一点与窦氏家族的兴盛史并无大的不同，正如研究家族史的学者所认为的那样，中国家族的建构和再造在明清鼎革之际是一个颇为集中的时期，各地纷纷造家谱、修宗祠、进行祖先祭祀，等等。我们大致可以判定，窦庄的窦姓和张姓两大望族即是在此历史脉络中进行家族建构的。

前文中已经指出，目前一般流行的看法，认为张氏家族之所以在窦庄能够生存下来，最初是作为窦氏家族祖茔的看墓人。也就是说，窦氏家族已是当地望族，祖先死后，埋葬在窦庄村西，需要守墓和看护人，于是将卧牛山下翁水滩划拨给了西曲里贫农张姓家族，让其为窦氏守护先茔。具体从什么时候开始的，人们也都含糊其辞，但是，把张氏家族看作窦氏祖墓看护人则是共识。针对这一点，因为没有直接史料记载，大多靠口头传言，所以还需要多方证实，不过，笔者倒是觉得即使作为口传，我们也不要将其看作是无意义的。比如，这一关于张姓作为窦姓祖茔看护人的角色出自何人之口？是窦姓所言，还是张姓自家也认为如此？或者是村里的其他姓氏人家这样看待？从这一传言的功能来看，我们更觉得是一种家族再造过程中的产物。这样一来，把自己的出身降低到卑微地步，反而更能衬托出后来的兴起是经历了一个由边缘到中心的过程。如果要清楚张氏家族的演变史，不管现有的说法多么吸引人，我们还是应该先回到这一家族史的起点，一探究竟，才可能为后人提供更为真实确切的历史知识。

我们首先从《张氏家谱》谈起。在窦庄进行田野调查期间，马晓秋老人说张氏后人有一家手中藏有本族家谱，原计划联系好了要去查阅的，结果因故未能看到。不过，在田澍中、贾承健所著《梦回沁水》一书中引述了《张氏家谱》部分内容，为我们的分析讨论提供了参照。《张氏家谱》全名《张氏合族谱》，具体修谱时间和作者，在其中没有具

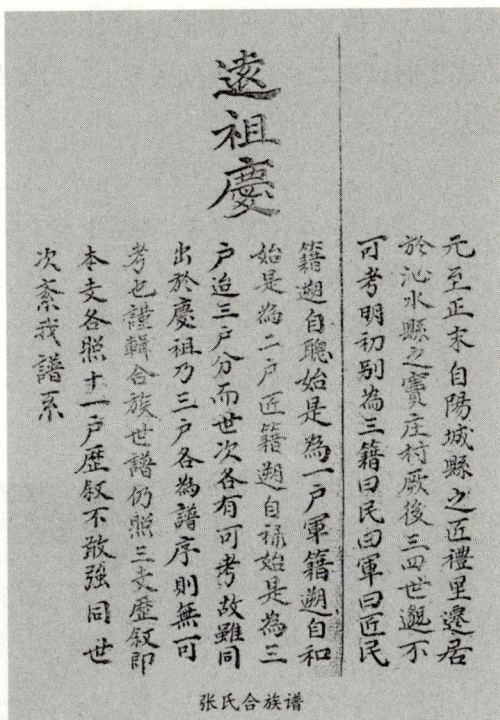

《张氏合族谱》

体说明，笔者推断大致时间在明代末期，或在清初康熙年间，由张氏后人进行了合族造谱。在合族谱序中有曰：

> 元祖庆，元至正末年自阳城县之匠礼里迁居于沁水县之窦庄村，阙后三四世不可考。明初别为三籍，曰民、曰军、曰匠。民籍溯自聪，始是为一户；军籍溯自和，始是为二户；匠籍溯自禄，始是为三户。追三户分而世次各有可考，故虽同出于庆祖，乃三户各为谱序，则无可考也。谨辑合族世谱，仍照三支历叙，即本支各照，十一户历叙，不敢强同世系，絜我谱系……

由此可见，窦庄村张氏祖先名为张庆，是元代末年从阳城县的匠礼村迁移过来的，但是一直到明代初年的时候，才开始有据可考。并且至明代

起，张氏家族又分为军籍张和、民籍张聪、匠籍张禄三支。关于张氏家族在窦庄的起源，清康熙年间大学士、阳城人陈廷敬所撰《张铨传》中也曾提及：

> 张封公铨，字宇奇，别字见虚。先世阳城人，元末迁居沁水之窦庄。窦庄者，故沁名区，在榼山下，山绝奇胜，沁水环焉。所居人多窦氏，里因以名。然张氏由明以来，为士林华族，实冠冀南，他族鲜可比焉。

陈廷敬是清初朝廷有名的大学士，又出身沁河下游阳城县，并且与窦庄村张氏家族还存有亲戚关系。这一点，前文中已提及。因此，陈廷敬在为张氏后人张铨作传时提到张氏先世在阳城，后在元末迁居到沁水沿岸窦庄村，应该也是作为当地人熟知的一个生活常识。但是，在窦庄佛堂院内有一通碑刻，碑头名为《沁水县窦庄村新修佛堂记》，碑文撰写者为"平谷野人李光祖"，碑文末落款"至元二十五季戊子岁四月朔日，张庆，男张和等立，翔山石门马赟刊"。碑文的主体内容如下：

《沁水县窦庄村新修佛堂记》

……今则此庄之异，奇胜一方。檤峰北仰而弥高，沁溪东注而益深。析城南望，凌寒磨空。石柱西凭，卧红堆碧。四围胜概，犹阙福田。因本乡老李公讳英，起祖李庄，至祖父李庆，迁居是墅。于己酉（乙酉）岁，公念田园特芜，适意口业，所恃本村张庆、窦信、窦温等订议金仝，恳请于公曰："今汝既归，有汝道右之故基，其地酌中请鬻为佛堂，地必偿高价于公，云否？"公谓妻刘氏，男全秀曰："安以一时之利，没我百世之名乎？鬻则勿言，愿施其地与本社。"于是众谢。其地纵一十六步，广十一步半，东南临道碾，西北至窦英。迨戊午春，众社等同心叶力，鸠材募工，始建佛堂，就修学舍，岂不伟欤！乃至莲社，居人朔望，祝延圣筹蔫，子弟秋冬时习诗书。自公施地，社众兴缘之后，子孙众多，赀财同聚，为甲第于沁乡。

这通有关在窦庄修建佛堂的碑记内容对于我们探讨窦氏、张氏两大姓的家族史是非常关键的一则史料。首先，值得我们留意的是时间，在元至元二十五年，这是元世祖忽必烈在位末期。其次，乡老李英，其先祖原在李庄定居，后至其祖父李庆，才迁居到了窦庄居住。再次，需要注意的是关于李英祖上旧有的一块地基，经窦庄张庆、窦信、窦温等人商议，购买此地用于修建佛堂事宜。结果，李英同意将其地基捐献于本社。由此，我们获得了一个重要信息是张庆和窦信等人在至元初时，显然已都是窦庄的土著居民了。另外，还值得关注的是此通碑刻内容撰写者为平谷野人李光祖。李光祖，何许人也？在《元史·世祖纪》中对此有记载，元世祖忽必烈开创寺产官营制度后，在至元十六年此人任"大护国仁王寺总管府"的总管，专司护国寺的财产管理和土地经营。我们知道，中国历朝历代中元朝尊崇佛教最盛。在建元之前，忽必烈等王室成员就多有皈依佛门，忽必烈拜藏传佛教萨迦派第五代传人八思巴为师，并受佛戒。到1260年忽必烈建号"中统"，其意思就是中原正统，同一年也封八思巴为国师，后又于至元七年晋封其为帝师，并授予玉印，令其统领天下释教。至元初

（1264），忽必烈又设立总制院（到至元二十五年改为宣政院），仍由帝师八思巴统领，具体负责蕃地事务和管理全国释教，最终确定了藏传佛教作为元代国教的至尊地位。由此，也可以看出，元初推崇佛教为国教后，这一官方行为在沁河沿岸的窦庄村的社会效应。历史有时候真的会机缘巧合，以至于为我们提供诸多有价值的细节。

除了窦氏家族外，这通关于修建佛堂的碑刻明确地记载了张庆此人，那么，我们接着要问的是，他又是何许人也？张氏家族的后人中历史记述最多的莫过于张五典了，因为窦庄古堡得以营造就是此人功劳。而张五典在明万历七年（1579）十二月六日为自己的先祖立了一通"明故显考增生张公配妣王氏碑"，其中就提及张庆这个人物。碑文开篇即曰：

> 此吾从祖张公墓也。公讳谦光，字汝扬，号南渠。远祖庆，自阳城徙居沁水之窦庄。至七世祖聪，膺永乐丁酉乡荐。六世祖荐。高祖腾，廪膳生。曾祖伦，由选贡仕卢士教谕。妣窦氏，生四男：长吾祖，次即公。公幼乘家学治《易经》，入邑庠，补曾广生，好古发愤，欲求德业名世第，为文认理，不袭时套，故每不得志于有□□衣巾终身。万历六年（1578）七月十五日，以病卒，距公生于正德戊寅三月二十日享有六十有一。……子五人：长曰蕴，娶杨氏；次曰猷，娶王氏；三曰藻，娶窦氏；四曰蔚，娶窦氏；五曰蒙，尚幼。

张五典在碑记中提到自己祖先为张庆，从阳城迁徙到窦庄定居，但他没有提到是什么时候从阳城移居到此的。不过，我们将此碑文和上面的碑文结合起来，便可以推断出，张氏祖先张庆至少在元至元时期就已在窦庄定居了，不然，从李庄迁居到窦庄的李英在修建佛堂一事上，就不会以张庆、窦信、窦温等人为尊了。所以，张氏族人在窦庄的发展史显然要比陈廷敬在《张铨传》中所提及的元末迁至窦庄要早了几十年甚至是上百年。而且，从中也可以判断出，窦氏和张氏两姓家族之间存在姻亲关系，这一点可能比现有传言所说张氏在窦庄的兴起是作为窦氏祖先茔地的看墓人要准确真实。另在明万历四十七年（1619）三月刻制的"父母诰命碑"中也反映了两姓氏间的姻亲渊源。

如此一来，我们发现，《张氏家谱》中记载的始祖张庆自元末迁居窦庄便与《新修佛堂碑记》中的记载相冲突了，两者前后相差近一百年，究竟哪一个记载更为真实呢？笔者通过上文对佛堂碑记内容的分析，认为《张氏合族谱》中的记载可能有误。不过，对此，《梦回沁水》一书的作者持有另一种不同看法。他们指出在《新修佛堂碑记》的碑阴刻有施地人李英的名字，其妻子刘氏和儿子以及其他捐赠者的名字，其中还有"张庆、男张和"的字样，落款时间为"永乐三年四月"。笔者到窦庄进行田野调查时，此通碑刻已经被固定在佛堂正屋的墙壁前，紧挨着墙壁，难以看到碑阴内容。这样的话，出现了一个很有意思的现象，就是碑阳落款时间是至元二十五年（1288），碑阴落款时间却为永乐三年（1405），前后相差一百多年的时间，这是为什么呢？田澍中认为，若按照碑阴的落款时间来推断的话，那张庆应是在元末迁至窦庄村的，所以在明代永乐初年立这通佛堂碑也说得过去，至少时间逻辑上是成立的。但是从内容和常理上来判断，就不能令人信服了。因为从元末张庆迁入窦庄村到为村中佛堂立新修碑记止，一共仅有三十七年的时间，按代际关系来算，也就一代人的时间。作为熟人社会的传统中国村庄，一个外来移民家族在这么短的时间内即可以为村庄佛堂这样的神圣性空间树碑立传，是不大可能的，而且其是否成功融入了当地社会并成为村民认可的一分子也是值得怀疑的。更遑论以村庄有地位声望的长者身份带头为佛堂重建做事了。所以，即使从这一记载中相互冲突的时间节点来讲，也可以排除掉这一说法。

不过，在田著中，为了揭开这一矛盾疑团，作者紧接着又提到了另一可能性，即经窦庄村里一个名为张育来的文化人指点后，才搞清楚原来这通新修佛堂碑的阴阳两面均是在明永乐三年重修佛堂时刻立的。他们的理由是：由于"平谷野人李光祖"于元至元二十五年撰写的《沁水县窦庄村新修佛堂记》碑碣破损残缺，不好辨认，为使李英施地壮举不至于被历史湮没，张庆与其儿子张和重新翻刻此碑，但将"至元"和"至正"两个年号混淆了，于是导致了后人误解。村民张育来的这一看法，看似说得通，但实际上也有矛盾难解之处。首先是碑刻撰写者李光祖此人身份为至元年间朝廷官员，负责掌管元朝佛教事宜。这样的话，他们认为张庆等人在明永乐三年重修佛堂立此碑时误将"至正"年号写成了"至元"一说便不成立了，理由就是李光祖此人是至元时期的，将这么一个元初高官误识为元末至正时期，显然错讹太过明显。当然，谈到李光祖此人，即便我们在《元史·世祖纪》中查到了他的生平事迹，但有一点还是难以解释的，就是这样一个元大都的朝廷大员怎么会为窦庄佛堂重修一事撰写碑文呢？田澍中在书中认为李光祖是佛教信徒，担当皇家佛寺的总管，自命为"野人"，云游四方，大概是到窦庄后，看了佛堂，了解了建造历史，十分感动，写下了这篇碑文。很显然，这样的解释多是一种猜测和想象而已。笔者倒是觉得，如果此通新修佛堂碑确是明永乐三年立的话，时间错乱可能并不是原来碑刻字迹残损所导致的，而只是张庆等人在立碑的时候借用了李光祖这个元朝大员的身份，以为窦庄村佛堂的建造增添一份来自上层官僚的合法性和权威性。在我们尚未找到直接史料可以证明李光祖亲临过窦庄村，或碑文就是出自其手的话，如此的推断可能是最接近历史真实的。

最关键的一点是张庆这个张氏始祖的出现，对于我们解释上述矛盾错讹之处甚是重要。从上述碑文内容中可以发现，张庆是立碑的人，李英是从李庄迁移窦庄的，窦信、窦温即是窦庄村人。按照常识来判断，传统农村中那些具有较高声望和权威的地方长老往往是村庄公共事务的主持者，一般村民是难以胜任的。因此，我们可以认为张庆能够作为立碑的第一人选，并且碑文中排名次也在窦氏族人前面，这足见张庆的地位和身份应该超过了窦信和窦温。否则，在重建村中佛堂的事情上，其名次是不会轻易位于窦氏族人前面的。还有，如果一个家族能够在村庄中取得较高的威望和地位，是需要几代人的时间，不大可能在短期内就可以实现。如果这一点站得住脚的话，那么，张庆此人，在窦庄的出现绝不可能是元代末年的事情，而是在元初甚至之前张氏就已经在窦庄世代生活多年了。所以，综合以上分析考辨，笔者认为张庆作为张氏家族始祖迁移窦庄村，应该是在元初，而不会是元末。至于家谱中开篇即指出的元至正末年的说法，应该是修谱者记载不精确罢了，或者是受到了陈廷敬在《张铨传》一文中说法的影响。还有一点可以佐证上述判断的是，张五典在明万历七年（1579）十二月六日为先祖立了一通"明故显考增生张公配妣王氏碑"，其中提到远祖张庆由阳城迁移到窦庄一事，不过可惜的是没写明具体时间；他还写明张聪为本支七世祖。张聪此人，在《张氏合族谱》序中已指出，明初张氏一族分为军籍、民籍、匠籍三支，而张聪为民籍，并分为十一户，立为四门。谱序提到，正是从张聪开始，《张氏家谱》才有据可考，也由此张五典把张聪列为张氏家族的始祖。谱中记载，张聪，字子敏，是明永乐丁酉年（1417）举人。在古代中国，一般人们眼中的一代人大约也就是30年左右的时间，依此计算的话，那张聪作为张氏家族的第七世祖，也就是到他这一代人时，已经有两百多年的时间过去了。因此，第一世祖张庆的生卒年月也大致在1200年左右，即生活在南宋、金时期。由此判断，我们也可得出张氏远祖张庆在窦庄村的生活时间大概在元初之前，断不会在元末至正时期。

在考察分析了窦庄张氏家族的起源后，接下来，我们重点对这一地方望族的建构史进行讨论。在田野调查过程中，村民对窦氏和张氏两大家族有这样的判断：窦家出武将，如窦将军墓即是证据；而张家则既出武将，也出文官，可谓文武双全。在窦庄，现在人们更多地都是讨论张氏家族的兴盛历史，窦氏家族相对要淡化得多，除了在村西边田地里依然矗立的两通窦将军墓碑向世人展示出这一望族的辉煌过往外，其他已不大为人所注意了。谈到张氏家族建构史，最核心的人物要算本族后人张五典及其子张铨二人了。我们先来看一看现在窦庄村张氏家族完整的故事版本，之后再围绕其中的人物和事件展开讨论。下面以《山西晋城古村镇》一书中的相关记载为主进行叙述。

张氏家族自万历二十年（1592）张五典中进士入仕后，书香传家，十代不衰，先后有万历三十二年（1604）金字辈张铨、顺治六年（1649）张道湜、乾隆三十四年（1769）张心至等六人高中进士。中举人者有张五典、张铨、张铃、张道湜、张德堂、张道濂、张德阜、张德集、张心至、张诗铭、张诗颂、张竹书等十五人之多。张氏家族是沁水县历史上进士举人最多的家族，可谓科甲连绵，名流辈出，为古代沁水县增辉无数。如今看着窦庄高大华丽的尚书府、进士第，我们仍能遥想其当年的风光无限。

关于张氏家族的兴起，首先要介绍的是张五典。大司马张公五典，字和忠，号海虹，又称张宫保、张大参。明万历二十年（1592），张五典考中进士，授行人司行人。次年，预考选升为户部江西司主事。万历二十九年（1601），监管天津仓场。癸卯年迁升为员外郎，甲辰年又升为郎中。在京察执政，张五典曾发现当时朝中同僚有人"假中旨留其私人"（指当时朝中吏部侍郎杨时乔、左都御史温纯和、内阁首辅沈一贯等，借京官考核之机相互排挤，提拔自己的亲信），便书文"亟论其失"，针砭时弊，文中用李林甫、秦桧等历代奸臣作比来讽刺当朝的奸人，言辞激烈，针针见血。因为这件事，掌权的奸臣们对张五典怀恨不已，时时设法算计他，但均未能得逞。

万历三十三年（1605），张五典出任山东布政司参议。万历四十年（1612）壬子，又升为南副使。时值大盗张西冈聚众为乱，五典"授（诸将）以（捕贼）方略，俱擒灭"。万历四十二年（1614），桐板县的矿山被嵩山矿徒围据，时常扰掠附近郡邑，当地守令一筹莫展，五典得知后，叹曰："此易治耳"，后利用策略"三牌：一曰有入山卖贼食者斩，二曰旦贼且过，汝等促为具食"，贼人无所得食，便下山抢掠，但看见路旁陈列壶浆，大为惊讶，问其故，乡人"喻以（张）公言"，最后拿出第三张牌，令其"归乡里，保室家"，众贼叹服，皆"感泣而去"。次年，张五典迁为山东参政，时值山东旱荒，盗贼蜂起，诸州县皆向张五典请求剿贼，但他说："此饥民耳，急之则聚，缓之则散也"。当时由辽宁运往山东的米粮船只因海禁而一时不能到达，张五典"兼摄其事，遂开海禁"，使粮食顺利到达辽东，不出几个月，确如他当日所言，众盗皆平息。

张五典在朝为官时，既不丧失正义感，不屈意权贵，不结党营私，又能在险恶官场中保持中立，不充当门户倾轧反复的牺牲品，令人叹服。另一方面，张五典对黎民百姓也关心备至，体会民众疾苦，不对人民滥施权威，善用感化的方式处理问题，是一位非常出色的吏治人才。但是，明代政治腐朽，张五典终未能尽用其才，实在可惜。张五典所作诗《登大云寺塔》曰："天半浮阁出，峥嵘势欲摩。凭虚依日月，长眺尽山河。寥廓秋声早，崆峒云气多。白毫时隐现，夜雨坠檀波。"此诗抒发了作者五典对窦庄山水的喜爱之情，字里行间透露出诗人的博大胸襟。据说张五典对樌山情有独钟，常游樌山、写樌山，还作有《大云寺三松说》，其中所描述的樌山三松风骨铮铮，犹如张五典人格之写照和表露。

明天启三年（1624），张五典告老还乡。回乡后，他预感到明朝岌岌可危，开始着手建造窦庄堡，但开工三年，就因病去世。后来由霍夫人率家人完成。据史料记载，张五典是个精通数理且治学严谨的人。传说他在山东任职期间，数次登临泰山，对"泰山高者四十里"的说法产生怀疑，遂重新设计方案测量泰山高度，其结果甚为精确。我们在清朝聂剑光撰写的《泰山道里记》一书中查阅到有关张五典测量泰山的记载：

明万历间参政张五典者，尝立一法量之。其法用竖竿一，长一丈，刻以尺寸，竿端置一环；用横竿一，长亦一丈，中置一环；两端皆五尺，取其轻重相称。以绳系于横竿之环，而又穿于竖竿之环，牵其绳子尾，则横竿可上可下，而不失其平。于是以竖竿所立之处，视横竿所至之处，则五尺为一步矣，此以量其远近也；每量一步，若在平地，则横竿由端以至竖竿前后，俱著于地；若前高而后下，则横竿前著于地，而后悬于空，视竿所悬处至地尺寸若干，此以量其高下也。又备一册，每页画三百六十格，每量一步则填一格，平地则于格内填一平字。其高尺寸若干，亦于格内注之。填尽一页，则足三百六十步，为一里。其高则累尺寸而计之不爽也。由山下至绝顶；凡量四千三百八十四步，而纤回曲折皆在其中。高三百八十六丈九尺一寸，中除倒盘低十八丈五尺七寸抵高数外，实高三百六十八丈三尺四寸，折步七百三十六步六分八厘。平、高共积五千一百二十步有奇，实一十四里零八十亲步耳。

在聂剑光的记述中，其实只是说明了张五典在执政山东期间，具体设计了一"竖竿横竿"的测量方法对泰山进行了测量，实际结果是十四余里，这与当时流传的四十里说法不尽相同。而《梦回沁水》一书则在记述张五典测量泰山一事时，除了强调五典的测量结果接近现在泰山1524米的高度外，还认为正是在圆满测量精确结果的基础上撰写了《泰山道里记》，为后人留下了宝贵的第一手科技资料。这显然是作者的夸大之词，不符合历史事实。因为张五典是明代万历年间在山东任官职，而《泰山道里记》一书是由清代山东泰安当地人聂剑光所撰写，并有姚鼐、钱大昕等著名文人贤士为其作序。而且，也正是由于聂剑光注意到了张五典在明末时期测量过泰山一事，才在其书中将张五典的事迹记录下来。另外，人们

窦庄村口的张铨塑像

在谈到窦庄古堡的时候，也纷纷说张五典正是运用了其聪明才智和数理知识的造诣，才为窦庄设计了古堡的格局形态。所以在明末农民军起义的时候，窦庄屡次被围攻，但在张氏家族的带领下，村民修筑城堡，顽强抵抗，最终保住了村庄。天启元年（1621），张五典升任太仆寺少卿。这年三月二十二日，其长子张铨在沈阳被俘，自经而死。张五典受到老年丧子的极大打击。次年，张五典又迁南京大理寺卿。天启三年"乞终养"，加兵部尚书。卒赠太子太保。

除了张五典的功名事迹外，有关张氏家族的故事就是张五典的子孙了。张五典一共生有三子，均以科甲显于当时。长子忠烈最贤，次子张铨有才名，三子张钤"不求仕进，力行仁义，有长者称"。三个孩子中，长子张铨最为人所称道。其实，在笔者看来，窦庄张氏家族史的建构，实际上都是围绕张铨开始的，后文中我们还会进一步展开分析讨论。在此，我们接着来看一看后人是如何就他的生平事迹为其塑造了一个英勇忠烈的人物形象的。张铨，字宇衡，万历甲辰（1604）进士。有记载说，张铨母亲李氏在生他的时候，曾梦见有一个神人裹金甲、仗剑、披发入室，所以，在其年少时即有大人相，前途光明无量。后来，中科举后，张铨被授保定推官、浙江道御史、巡视陕西茶马、江西巡按、辽东巡按等官职。又据《明史·张铨列传》中记载，时任辽东总兵张承荫在与后金的一次战役中败北，又有经略杨镐建议"四道出师"，认为数路精兵一齐反攻，即可不出几日收复失地。但精通军事谋略的张铨知道杨镐的建议过于冒进，于是上奏曰：

> 敌山川险易，我未能悉知，悬军深入，保无抄绝？且突骑野战，敌所长，我所短。以短击长，以劳赴逸，以客当主，非计也。其胪朐河之战，五将不还，奈何轻出塞！为今计，不必征兵四方，但当就近调募，屯集要害以固吾圉，厚抚北关以树其敌。多行间谍以携其党，然后伺隙而动。若加赋选丁，骚扰天下，恐识者之忧不在辽东。因请发帑金，补大僚，宥直言，开储讲，先为自治之本。

可以看出，张铨建议朝廷开国库以赈济天下，减轻赋税，选择真正有才干的人进入朝廷，等等。实际上，他的意图在于要御外敌必先强自身的道理。这凸显了张铨其人在选将用人方面具有长远的敏锐眼光。之后，张铨再次进言：

李如柏、杜松、刘庭以宿将并起，宜责镐约束，以一事权。唐九节度使相州之溃，可为明鉴。

廷议将恤承荫。夫承荫不知敌诱，轻进取败，是谓无谋；猝与敌遇，行列错乱，是谓无法；率万余之人，不能死战，是谓无勇。臣以为不宜恤。

而且，张铨还指出杨镐不具有帅才谋略，其意见不足采纳，力荐熊廷弼。万历四十八年（1620）夏，张铨再次上疏朝廷曰：

自军兴以来，所司创议加赋，亩增银三厘，未几至七厘，又未几至九厘。辟之一身，辽东，肩背也；天下，腹心也。肩背有患，犹藉腹心之血脉滋灌。若腹心先溃，危亡可立得。竭天下以救辽，辽未必安，而天下已危。今宜联人心以固根本，岂可朘削无已，驱之使乱。且陛下内廷积金如山，以有用之物，置无用之地，与瓦砾粪土何异？乃发帑之请，叫阍不应；加派之议，朝奏夕可。臣殊不得其解。

显然，张铨奏言内容，显示出了以民为本的真知灼见，但这些关于军国安危的疏陈，却并没有引起朝廷重视。随着后来各地战事接连失败，朝中才有人说张铨的进言确实是有先见之明的。甚至崇祯皇帝在李自成入京后也不得不发出了"自天启以下，卒不成矣"的感叹！

在明熹宗即位后，张铨出按辽东，经略袁应泰下纳降令，张铨则据理力争，但袁并不听取，于是他只好叹道："祸始此矣"。天启元年（1621）三月，沈阳被攻陷，张铨遂请令让辽东巡抚薛国用率兵驻海州，蓟辽总督文球率兵驻广宁，为掎角之势，以壮声威。但是薛、文二人却没有按令执行。结果辽东被围，军队溃败。于是袁应泰令张铨退守河西，以图后举，但此时的张铨没有听从袁的命令，宁愿血洒疆场也不愿退而自保，大声说："我一腔热血欲洒此地久矣！"坚守三日，经过残酷的战斗后，城池被攻破，张铨被俘，仍英勇不屈。最后，张铨"衣冠向阙拜，又遥拜父母，遂自经"。其大义凛然的壮举，引发军中争呼忠臣，举尸葬之。后来朝廷得知此事后，赠其大理寺卿，谥号忠烈，官其子道浚锦衣指挥佥事，又赠兵部尚书，为其修建祠祀，额曰"昭忠"。

在有关张氏家族的故事中，除了张五典及其长子张铨外，其他儿子也非常出色，均被看作是继承了父亲张五典刚正不阿、有情有义的品行。比如，他的三儿子张铃，为了治家，不惜牺牲科考功名，服从父命弃学理家，把张家上上下下管理得妥妥帖帖、井井有条。而且张铃还将自己的儿子过继给寡嫂，嘱咐他要像对待自己的亲生母亲一样侍奉她。正是张铃的可贵品德感动乡邻，甚至曾令同乡的阳城大学士陈廷敬倾慕敬佩，并为张铃立传，以示后人称颂。所以，现在人们一般认为，窦庄村张氏家族自张五典之后，在很长的时间里辉煌不衰，子孙族人在文化、教育等方面也多有成就。如，张氏后人为张五典编刻了《大司马张海虹先生文集》十七卷，另有《大云寺读书》《登大云寺塔》《大云寺三松说》，以及《西曲里建关帝祠记》等；张铨著有《皇明国史纪闻》《春秋集》《飞蝗叹》；张道濬（张铨之子）著有《兵燹琐记》《从戎始末》《奏草焚余》《丹坪内外集》等；张道湜著有《史鉴节录》《诗草录存》《挥暑清谈》等；张德渠著有《南村文集》等；张传辉著有《窦庄小志》；张传炘著有《秋雨集》《途说》《臆说》《读书抄》等。

除此之外，在张氏家族故事中还有一位人物值得关注，即张铨之夫人霍氏。一提及霍夫人，自然最引人瞩目的就是"夫人城"了。对此，我们在下一节内容中还要进行详细的叙述，在此只是指出霍夫人这位张氏家族的女性也是该家族史建构中极具传奇色彩的一位。其故事是这样叙述的：明末农民军起义期间，王嘉胤部将王自用率领陕西农民军杀到窦庄、坪上等村。由于村里的男人们都前去参战，窦庄只剩下老弱妇孺，流寇们便想趁此一举攻陷窦庄。于是在崇祯四年（1632）将窦庄围困，但张铨之妻霍氏英勇过人，率族人奋起反抗，坚守了四天四夜，直至最后流寇退去。明兵备道王肇生上书褒扬此事，窦庄由此获得了"夫人城"的美誉。为了说

窦庄村南城门楼

明霍夫人率族人抵抗流寇的这段往事属实，人们又将《明史·张铨列传》一文中的最后一段话作为证据。其中写道：

> 初，五典度海内将乱，筑所居窦庄为堡，坚甚。崇祯四年，流贼至，五典已殁，独铨妻霍氏在，众请避之。曰："避贼而出，家不保。出而遇贼，身更不保。等死耳，盍死于家。"乃率童仆坚守。贼环攻四昼夜，不克而去。副使王肇生名其堡曰"夫人城"。乡人避贼者多赖以免。

由此也演绎出了窦庄古堡实为窦庄夫人城的巾帼英雄故事。在清乾隆年间，一位名为洪世佺的人写有《窦庄夫人城》诗一首，更是为夫人城增添了令人敬仰的历史蕴涵。其诗：

> 死忠者臣死孝子，夫君已为封疆死；
>
> 夫人岂是偷生者，老翁白发儿毁齿；
>
> 天中夜半檑枪明，沁河东西皆战垒；
>
> 尽散黄金作刍粮，捐钗解佩如脱屣；
>
> 刊山筑岩保乡间，千人万人齐下杵；
>
> 谁言兵气恐又扬，夜笳一声贼披靡；
>
> 春风春草年年绿，雉堞巍然通德里；
>
> 娘子军与夫人城，世俗评量徒尔尔。
>
> 是夫是妇古今无，万世俱瞻为伦理。

正如诗句中所言，窦庄夫人城，古今无双，万世俱瞻。现如今，当我们行走在窦庄的时候，一些残垣断壁的古堡遗迹似乎也成为夫人城的历史见证人。

在对张氏家族现有故事版本进行叙述之后，接下来有必要对上述故事中的人物与事件再作一番追踪式的分析讨论，或许有助于我们更深入了解这一沁河沿岸地方望族的兴盛史。

首先我们对张五典这位官至明代兵部尚书的张氏族人作一些讨论。在现存的《沁水县志》三种版本（康熙、嘉庆、光绪）中均有王度撰写的张五典个人传记《大司马张公传》，内容一致，显然是修县志者转载康熙版县志而成。田同旭在《沁水历代文存》中指出，王度此人，是明末沁水郭壁村人，明崇祯十一年（1639）举人，清代顺治三年（1646）进士。另据康熙版《沁水县志》记载："王度，鹿路南里人，崇祯乙卯亚元，顺治丙戌进士，任刑部主事，升员外郎中，补顺天霸州知州。值水灾，百姓饥饿溺，修城赈荒，不遗心力。以疾告归，为人纯孝，隐德疏才，乐易。"这里又出现了"鹿路南里"这个地名，同一个王度，如果是郭壁村人，那么，前文中我们几次提到窦氏家族有人是鹿路南里或鹿路北里的，很可能窦庄在清初即是鹿路北里，而郭壁是鹿路南里。现在，郭壁村的地理位置就处于窦庄南边，相距不足一公里。我们需要进一步追问的是，王度为何会给张五典立传呢？是因为他与张五典均是当地有功名之人，还是因为他们两人之间关系甚好，以至于王度有责任将大司马张公的生平事迹立传成文，以流芳百世？张五典是明代万历年间的进士，我们在志书中尚未找到有关他的详细记载，只是略有说明罢了。如康熙版《沁水县志·选举志》篇中记载明代考中功名者有曰：

> 张五典，聪六世孙，万历己卯举人，壬辰进士，任行人司行人，历官南京大理寺卿。乞终养，进兵部尚书，卒赠太子太保，赐谕祭葬。有张（中阙）世清正，和平与世无忤。其子张铨辽阳精忠，大节日月争先，足征义方之谓云。入《乡贤》。

因为明代版的《沁水县志》遗失，我们无法确切查找其中是否有张五典的详细记载，但依照古代先贤修地方志的惯例，一般都会把前朝志书中的相关内容直接引述到本朝志书中去，由此，我们大致可以判断出，清初版的《沁水县志》中对明代选举情况的记载基本可作为明代志书中张五典生平事迹的原初情况。

但是到了清初康熙年间，王度首次为张五典作传，并载入《沁水县志》中，已经由原来的简单生平介绍书写成了一个感人肺腑的故事。故事中主要勾画了张五典为官过程中的一些事情。其一，是万历三十二年（1604），在一次京官考察中，他发现有官员假借圣旨，任用了一些亲信，对此，其他官员不敢言语，而张五典则公开上书批评这一做法，因此得罪了权贵，被贬出朝中，出任山东布政司参议。其二，是他在万历四十年（1612）迁任河南按察司副使兼参议时，遭遇盗贼在南阳、裕州等地为乱，张五典亲授剿灭策略，叛贼很快被消灭。更有意思的是，桐柏县有矿山资源，利润丰厚，而嵩山矿徒霸占矿山，为非作歹，鱼肉乡里，地方官

窦庄村张五典住过的老宅院

几次征剿都不能够制止。张五典则亲临乡野，询问乡人，详细了解乱贼的情况，然后制定了三条牌令：一条是禁止乡民入山卖食物给贼人，否则斩首示众；二条是给贼人送食物者与其同罪；三条是乡民各自回家，以孤立贼人。结果，山中贼人得不到食物，纷纷下山掠民的时候，发现路边都摆着酒食，大为吃惊。乡民则告知说，这是张公五典专门为他们准备的，希望他们归还乡里，保护家室老小。于是矿山贼徒大都被感动得涕零不止而去。

其三，是他于万历四十三年（1615）再次迁任山东布政司参政一官时，正值山东省发生大荒，再加上盗贼蜂起，而辽东一带的粮食却因海禁不能正常运输至本省境内。为此，张五典果断解除海禁，使得辽船南下，运来粮食，老百姓不仅有粮食吃，盗贼也不剿自灭了。以上关于张五典事迹的三个片段，凸显了他作为张氏家族子孙，不仅做到了光宗耀祖，而且作为朝廷官员，更是不徇私情、为人正派、秉公行事；在治理地方社会秩序方面，也能够从实际出发，体贴民情、善用民力、以人为本，彰显了民本的儒家统治理念。这是目前我们能够看到的张五典传记中的主要事迹叙述，也是关于窦庄村张氏家族在地方志书中最早的记载。

令人奇怪的是，我们在张五典传记中没有发现他主持建造窦庄古堡的任何文字记载，这与现在人们认为的古堡的出现即是由大司马公张五典开始营造似乎对接不上。笔者在此先提出这个疑问，后文中还会具体展开讨论。我们想说的是，为何王度在撰写张五典个人传时对窦庄古堡一事只字不提呢，确实让人疑惑不解。不过，在笔者看来，张五典之所以能够得到后人的重视，尤其是有人为其立传，不只是因为其是明代万历年间的进士和为官有成，更可能是因为他的长子张铨血洒疆场、精忠报国一事，对其影响很大，真可谓"虎父无犬子"。反过来说，既然儿子张铨如此的优秀出色，一心为明王朝精忠持守疆土，那么，其父张五典自不会是无能之辈，也一定是威武贤能之人。所以，在张氏家族史的建构上，不可能是长辈先人事迹平平，而后人却飞黄腾达，一定是严格遵循父子、兄弟、夫妇等人伦秩序依次来进行人物和事件的安排。而张铨战死疆场，得到明王朝的大力褒扬和敕谕祭葬，对张氏家族作为地方望族来说，意义非凡。正因为儿子张铨的忠烈之死，使得作为父亲的张五典也必然会引起人们的关注和重视。这就是我们在理解张五典个人传记以及他在张氏家族、窦庄古堡以及地方事务中能够成为重要人物关键所在。或者说，有关张五典的各种文本之产生，其背后的真正推动力可能在于他有一个了不起的英雄儿子张铨。

在正史中，张氏家族后人中可能就是张铨的内容要丰富一些了。张铨战死疆场后，即得到了朝廷的敕赠，皇帝诏令，赠其为大理寺卿，又赠兵部尚书，谥号忠烈。并赠其父张五典为大理寺卿、兵部尚书，封其子张道濬为锦衣卫指挥佥事。可见，张铨死后，为其父其子甚至是整个张氏家族后人带去了一系列荣耀和光环。现在有据可查的是，在《明史·忠义传》中有《张铨列传》，但没有明确的传记作者署名。另外，明代著名文学家、书画家陈继儒（1558—1639）也有《忠烈张公传》一文，收录在康熙版《沁水县志》中，具体写于何时何地，没有记载说明。陈继儒推崇儒家思想，晚明时期极力反对清军入关，并且为了明朝军队在辽东能够战胜努尔哈赤带领的满族清人军队，他还专门写了《建州策》，站在明王朝的立场上，献计献策，以对付女真人入主中原。所以，张铨战死辽东疆场的英雄壮举，也可能触动了陈继儒，于是便为其写下了传记篇章。从书写时间上看，陈继儒的《忠烈张公传》显然书于张铨死后不久的晚明时期。还有一则关于张铨的史料，就是一通"明巡按辽东监察御史赠大理寺卿赠兵部尚书谥号忠烈见平公神道碑"，据说此碑为明天启年间刻立的。可以说，这三则史料是我们目前看到的张铨个人一生事迹的最直接的记录。从年代上看，张铨墓碑应该是最早的一则，接着是陈继儒为其撰写的传记一文，最后则是《明史》中的《张铨列传》了。众所周知，《明史》的编修是在满人入主中原，取得统治地位之后组织人员对前一朝代进行编写的。现在我们能够看到的张铨故事版本，基本上都是以此三则史料进行编撰而成的，通过这些文本记录，可以发现一些颇为有趣的历史细节来。

首先，我们从张铨墓碑说起。笔者在窦庄村进行田野调查时，特意向马晓秋老师提出要去看一看这一墓碑，以拍摄照片，便于写作时利用。马老师却说此通碑刻几年前已不知去向，因此未能见到实物。幸好在《沁水县志三种》一书中，作者田同旭老师以县志补编的形式收录了此通碑刻，另在贾志军主编的《沁水碑刻蒐编》一书中也收入张铨墓碑，并注明说该碑刻原存窦庄村，是明天启年间立的。从出版时间上看，《沁水县志三种》应该是从《沁水碑刻蒐编》中转引了此通碑文内容。碑文首先记述了张氏家族的起源及祖辈先人的一些简单情况，如其高祖伦，曾祖谦光，父亲五典，均是科举功名获得者。接着，叙述了张铨出生时的传奇色彩。其母亲李氏在怀孕时，曾梦见有金甲神人，披发执剑，闯入了房间。结果李氏十月怀胎生下张铨后，竟然半夜发生火灾，死于其中。这一神奇的出生经历，似乎在告诉人们此等孩儿定是张氏家族非同一般的子孙后代。果然，张铨幼小即聪敏过人，"十一岁即起试，令人夙忌，故抑之。十四入庠，二十一中乡试，为中丞介肃魏公赏识"。万历甲辰（1604）中进士后，即进入仕途，先后在保定、浙江、陕西、江西、辽东等地做官，都能够赢得当地民众的称赞和拥护。之后，传记中又记述了张铨在辽东战事中的英勇表现，足显其男儿本色尽天然，一副铮铮铁骨、大义凛然的气势。在面临辽阳失守、清军咄咄逼人的情况下，有将士劝他可以暂且避一避险情，以图再攻，但张铨说："吾与斯城共存亡。"在其他将士纷纷选择撤退的时候，张铨竟然神色自若，"北望稽首曰：嗟！吾君，吾父，吾母，臣力竭矣，忠孝两负，死愿从之地下。"然后自经而死。这一公然赴死的举动，令辽东兵卒们发出了"忠臣，忠臣，中国早用之，宁有今日！"的叹息。最后，墓碑撰写者就张铨战死一事大发感慨，赋予了一种至高无上的品性与官德。其中有言：

> 吁嗟乎！予友复公事，始而泣之者，谓公上疏时，皆在目标中，经两年不早用，至今日嗟叹。中国用之不早，三路败却，国有人乎？岂天之生公也，始而金身示异，既而火不能焚，梦而忠贤并祠，岂天欲与其人？维华夏之防，微奸邪之心，振中朝之气数，不可违耶。尝论天与国家有非常之变，必仅者不世之品，以羽翼之。……自其战事，不必论之。其钜者死者，悠悠泉局。生者行之绿夜，国法不伸，长此安穷，欲边无事可得哉？予不能不垂涕继之以血矣！公子道溶，久以碑求余。相对泣下，不能执犟。近返材皋，始得志公。

可以看出，此番肺腑之言，将张铨四十多岁的一生描绘得淋漓尽致，忠心可嘉，甚至是到了国朝不用之则必亡的地步了。字字凸显的都是对张铨忠烈行为的敬佩和褒扬之情。

与张铨墓碑内容相比，陈继儒撰写的《忠烈张公传》与其主要内容相似，但是在措辞上，则更多地想表现主人公张铨誓死效忠朝廷的决心和胆识。例如，传记中记载，万历四十六年（1618）辽东战事初起，抚顺总兵张承胤战殁，诏赠少保左都督。张铨则奏曰：

> 《纲目》书死之例有三：曰死之、曰战死、曰败没。死之者，节之也；战死者，功罪半也；败没则直败之耳。今承胤轻进取败，尸积丘山，不合恤典，请绳以丧师辱国之罪。

可见，张铨对张承胤轻率进攻导致兵败后居然还能受到朝廷诏赠一事的斥责和反对，也反映出了他自己对朝廷要竭尽全力效忠的心态和行为。所以，在面对辽阳城失守之际，他却能够毅然决然地说出"我一腔热血，欲洒此地久矣"的豪言壮语。与墓碑中不同的是，陈继儒在传记中对张铨死后得到朝廷嘉奖一事进行了说明：

> 抚按核确奏闻，上深悼悯，予谥忠烈。都邑建祠祀之，赐额曰："昭忠"。谕祭谕葬，荫子世袭锦衣卫指挥佥事。初，赠公大理卿，再进兵部尚书。

值得注意的是，陈继儒作为晚明一位文学、书画名家，能够为张铨立传，其中的意味也是一件值得揣摩和把玩的事。因为陈继儒一辈子尊崇儒家思想，自是对效忠理念极为推崇和重视，这在其书画文学作品中也体现得完美至极。再加上他在辽东战事期间，曾为明朝廷献计，以对抗努尔哈赤军队的进攻，等等。由此可见，张铨在辽东战死一事，显示出的精忠行为，必定对陈继儒产生了强烈的刺激和共鸣，所以为其作传也在情理之中。这也反映出了作者希望通过以立传的方式表明对朝廷的效忠是每一位子民应做的事。我们从现在留存下来的清代三种《沁水县志》中可以发现，其中有关张铨的生平记录或传记均是以陈继儒的《忠烈张公传》一文为蓝本，而且在时间、地点、人物、事件等元素方面多有发挥和完善，从而使得张铨的英雄故事更加引人入胜。最明显的表现，即是《明史》中的《张铨列传》了，现在人们对张氏家族中这一位忠烈将士的讲述也基本出自此。

《明史·张铨列传》现收录在《沁水历代文存》一书中，作者和写作时间均无说明，但对张铨的事迹记述更富有故事性色彩。需要指出的是，在这一传记文本中，除了对张铨在辽东战事的英勇表现的叙述与前两种传记大同小异外，又新添加了一些有关其父张五典的事迹进来。如：

> 铨父五典，历官南京大理寺卿，时侍养家居。诏以铨所赠官加之，及卒，赠太子太保。初，五典度海内将乱，筑所居窦庄为堡，坚甚。崇祯四年（1631），流贼至，五典已殁，独铨

> 妻霍氏在，众请避之。曰："避贼而出，家不保。出而遇贼，
> 身更不保。等死耳，盍死于家。"乃率童仆坚守。贼环攻四昼
> 夜，不克而去。副使王肇生名其堡曰"夫人城"。乡人避贼者
> 多赖以免。

即使仅有这么一段附加的话语，也体现了传记作者有意彰显张五典父子与窦庄古堡的历史关联。在笔者看来，现在人们对窦庄古堡"夫人城"的一系列演绎故事应该均来自《明史》张铨传记中添加的这一段内容，由此关于窦庄张氏家族建构史的叙事中又多了一位英明果断、率领族人和村民抵抗流贼的巾帼烈女霍夫人。后文中我们还会专门就张铨之妻霍夫人及"夫人城"展开论述。

除了张五典和张铨的文本传记外，在地方志书中还记载了这两位张氏家族史上重要人物的坟墓祭葬情况。如，在康熙版《沁水县志》中记载道：

> 昭忠庙，在东关，祀张忠烈。春秋二仲月上戊日祭，香火田
> 四百八十三亩六分八厘，在大村八里等处。赠兵部尚书张官墓，
> 在窦庄村西，天启中谕葬。大司马宫保张五典墓，在马家坪，天
> 启中谕葬。大司马忠烈公张铨墓，在殷庄西山，天启中谕葬，墓
> 田八十一亩。

这里又多了一个变化，即是张铨的祖父张官也开始出现在县志中，并赠兵部尚书的谥号，于是我们看到，张官、张五典、张铨一共爷孙三代开始作为张氏家族叙述中的人物链条出现了。这个变化实际上在告诉我们，张氏家族的建构史随着历史长河的流变也在日渐丰富起来。而这一家族史再造的关键人物则是张铨，不容置疑。

在《明史》中与张铨传记有关的另一则史料也值得注意，即"三忠祠"，是为了纪念在明末辽阳、广宁之战中壮烈殉国的巡按张铨、何廷

槐、高邦佐三位将士而建的。有趣的是，此三人都是山西人，并且都是血洒疆场后，明朝廷下诏为他们在北京宣武门外建造了祭祀祠堂，称为"三忠祠"。据记载，何廷槐，字汝谦，山西威远卫（今大同左云西）人。万历二十九年（1601）进士，授泾县知县，调宁晋，迁刑部主事，历归德、卫辉、河南知府，西宁副使。坐考功法，复为黎平知府。会辽事棘，迁副使，分巡辽阳。袁应泰纳降，廷槐争，不听。及沈阳破，投井自尽，谥忠愍。高邦佐，字以道，山西襄陵（今临汾西南）人。万历二十三年（1595）进士，授寿光知县，历户部主事、员外郎。天启元年，辽阳破，起参政，分守广宁。清兵攻广宁，不忍弃城入关，自经而死，谥忠节。《明史》中将这三位精忠报国的山西人列为"忠义"之士，并有曰："邦佐与张铨、何廷魁皆山西人，诏建祠宣武门外，颜曰三忠。"可见，该祠堂是奉皇帝的圣旨而修建的，之后在清雍正、乾隆、嘉庆、道光、光绪年间又多次加以修缮。当然，清朝人在撰修《明史》时，有意将前朝的精忠烈士、功名人物作为典型事例加以记述，自然是希望可以起到教育时人和后人，应该像前人一样对朝廷尽忠守道，勇于担当。此种意识形态之功能是不言而喻的，但是，我们还应该看到对英雄人物的塑造也对其家族世系建构和兴盛起到了极大的推动作用。这也是我们在理解窦庄村张氏家族建构史时必须要清楚的。

地方望族的作用，不只是体现在一些大事大非的问题，在地方社会秩序和治理方面也会起到一定的积极作用。所以，现在一般人们认为在传统中国，皇权不下县，但乡村社会秩序井然、自治有成，除了乡规民约、儒家伦理等潜移默化的作用外，地方的显赫家族也应该发挥了不可忽视的历史作用。这也是将传统中国农村社会看作是一个宗族社会的应有涵义。可以说，一地之经济、社会、政治、教育、文化、道德等内容，必与当地之望族存在和影响有关。不过，限于史料和篇幅，我们在此不可能一一展开讨论。最后，有关张氏家族建构史的内容，我们结合几则地方史料进行一些叙述讨论，以突显张氏族人在地方事务中的具体表现。

这几则史料记录的均是沁河沿岸发生的蝗虫灾害。首先，是张铨写的

《飞蝗叹》一诗，具体写于何时不详细，在清代嘉庆版和光绪版《沁水县志》中也没具体说明写作时间；而且在康熙版《沁水县志》中居然没有收录此诗，不知为何。但是，《梦回沁水》一书的作者在讲述张铨个人事迹时明确指出，在明万历四十五年（1617）的时候，四十一岁的张铨返乡省亲时，看到了家乡遭受蝗灾后父老乡亲的凄惨生活，心如刀割，遂提笔写下了《飞蝗叹》一诗。具体写作年代究竟在何时，这里我们不再详细考证，只是就张铨诗作的内容进行交代和讨论。其诗句内容具体如下：

> 禾黍高低偏原隰，微雨初晴陇犹湿。
>
> 田间妇子共招呼，道旁老翁扶杖泣。
>
> 我来停骖试问之，老翁弃杖前致词。
>
> 昔年水旱君侯知，桑田一望尽为池。
>
> 春来播种亦太苦，播种方成复不雨。
>
> 便由飞蝗群蔽天，飞来飞去满野田。
>
> 翼如轰雷齿如锯，百方逐之不肯去。
>
> 忆昔种禾如种珠，胼胝那惜发与肤。
>
> 谁知一旦遭蝱贼，千里赤地成须臾。
>
> 不争地赤嗟徭役，里胥临门苦相逼。
>
> 室如悬磬已无余，只今留得犁与锄。
>
> 不惜老身填沟壑，眼前儿女将如何。
>
> 吾闻老翁言未毕，戚戚心中如有失。
>
> 自惭肉食皆民脂，民间愁苦须相惜。
>
> 吾将图绘叩天阍，为请蠲诏施宽恩。
>
> 老翁老翁泣且止，归家语汝妇与子。

从诗句内容可以看出，作者对蝗虫灾害给当地农民生产生活造成的损失表达了自己的悲悯和无奈之情，显露了其对家乡父老乡亲的挂念和担忧。田同旭在《沁水历代文存》中对此诗也进行了一些注释说明。他指出张铨的《飞蝗叹》是沁水历代诗文中最有现实意义的一首长诗，如实记载了明代万历年间沁水所遭受的一次蝗灾。诗中通过一位老农的倾诉，记述了水旱蝗灾不断，致使沁水"谁知一旦遭螽贼，千里赤地成须臾"，细细读来，着实让人感到心酸。然而，更有甚者"不争地赤嗟徭役，里胥临门苦相逼"，天灾已绝人命，人祸更逼民死，不能不让人愤慨至极。真可谓"苛政猛于虎"的又一再现。由此也反映出了张铨不仅是一个驰骋沙场的忠烈之士，还是一忧国忧民、同情百姓苦难遭遇，不忍民死沟壑、卖儿卖女的有良心的朝廷官员。此情此景，可能为窦庄张氏家族史的荣耀光辉作了深接地气的注解。另外，田同旭先生还指出，张铨于天启元年（1621）死于辽阳忠烈，而光绪《沁水县志》对天启年之前的"祥异失载"，难以考证。而雍正《泽州府志》有记，万历四十五年（1617）夏，"阳城旱蝗，蝗头翅尽赤，翳日遮天。六月终始雨"。沁水与阳城相邻，自然难以幸免。并且《泽州府志》所记内容，与张铨诗中"春来播种亦太苦，播种方成复不雨。便有飞蝗群蔽天，飞来飞去满野田"的情形吻合。基于此，田同旭认为张铨诗作应该就是对家乡遭遇蝗灾的一次生动写照。田先生也可能是对张铨一诗的来路问题存些疑问，如时间和地点问题，所以才有了上述的一些考证来坐实此作的出处。笔者对此也深有同感。但是，我们另在《沁水县志三种·祥异志》中发现对明万历、天启年间的灾异情况则有如下记载：

> 万历间，五谷丰登，六畜繁盛。至天启、崇祯间，生齿渐庶，俗尚渐奢，享极而剥，已兆兵荒之祸矣。

如此一来，似乎又为张铨《飞蝗叹》一诗蒙上了一层面纱。

此外，张氏家族后人张道浭也写就了有关蝗虫灾害的诗文，一是《捕蝗赈饥偶记》，另一是《飞蝗叹》。在此我们先来看一看张道浭这个人的一些情况，也许有助于我们对其作品加深认识和理解，而且也可以对他在张氏家族史上的地位和影响有进一步的了解。康熙版《沁水县志》中有记载曰："张道湜，鉁子。顺治丙戌举人，己丑进士，任翰林院编修，改湖广守道，陕西商洛道，升天津兵备道副使。以疾归居乡，济贫周急，煮粥赈饥，出资助修城西北隅风脉，二子俱登贤书。"在光绪版《沁水县志》中也有记载：

> 张道湜，由进士官编修，改湖广守道，调商洛道。休息民力，造士有方。摄潼关、征滇南，师出关，道湜调剂得宜，如枕上过。转副使天津，剖疑案、戒轻生，掩骼埋胔、仁爱独著。镇帅有后言，不较而善遇之。陈情归养，周恤族党，焚券已责。好言桑梓利病，长吏重之。

而且"为文有奇气，年四十即解组归，吟咏自适。著有《诗草录存》《挥暑清谈》《史鉴节录》等书"。

由此，我们大致可以看出张道湜的人品、个性及其特长等生平事迹。他在四十岁辞官回乡归养，并且体恤乡民族党，又善于对地方社会治理和秩序提出自己的看法，吟诗作文更是奇才横溢，因此深得沁水县当地官吏的重视。作为进士出身的张道湜，可谓文才十足。如果说其伯父张铨是张氏家族中培养出来的一员武将的话，那他堪当本家族的又一位文官贤能，也是理所当然。

在《捕蝗赈饥偶记》一文中，张道湜主要记述了康熙三十年（1691）夏天，由河南省境内飞越过来的蝗虫进入沁河流域，对当地庄稼造成了很大的损失，"尽食沁东之禾"。于是，他带领窦庄的族人村民扑灭蝗虫，以降低本村受灾程度。其中写道：

> 余率童仆十数辈，截之中流，用囊盛瘗沙滩，无虑十数万。寻来自村南，余守崖颠，弗使上。后从西山下，余驱入涧谷中，使不得出。被扑杀者不可以亿计。月许，两翼突生，腾空起，翳云蔽日，御之术始穷矣。数日夜，禾茎靡遗。妇子号野声，惨不

忍闻。

从中可见，作者身先士卒，不顾年老体迈，在面临蝗灾肆虐的时候，能够积极率众，时而坚守山崖巅峰，时而深入涧谷之中，消灭蝗虫无以数计。但是，因蝗虫生卵致使一个月左右，当地再次遭受了蝗虫的侵害，庄稼禾苗损毁殆尽。面对惨状，这位富有家国情怀的张氏贤士良才，开始救济灾民。文中记载曰：

> 初设粥，止给里人之贫者，月九次。嗣是，远来者瘠更甚，改施米。自冬历夏，计费五十余石。而于鸠形鹄面之众，似无毫发补也。今春复旱，麦田立槁，天意又不可卜。

无奈之下，张道湜发出感叹说："惭余以一手足之烈，不度德量力，妄思御灾捍患，与造化争衡，岂能免精卫填海之诮乎！"这篇《捕蝗赈饥偶记》短文，很好地反映了作者张道湜解职归养后在地方社会仍不忘自己作为一个有贤之士的职责所在。既有仁义宽厚之心，又苦于一己之力难有作为，足见作为地方望族子孙的涵养与贡献。

除了《捕蝗赈饥偶记》外，张道湜也写有《飞蝗叹》一诗，与张铨《飞蝗叹》题名一样，但此时已距其伯父所在的万历末年已有百余年了。张道湜诗曰：

> 三时叹甚已无麦，饥馑流离日相迫。
> 灵雨初霁六月中，播种人欣秋有获。
> 宁知灾后灾复生，梵蝗更值天行厄。
> 忽如剪絮凌风飞，白昼昏暝曦光微。
> 又如洪波翻巨浪，高低弥漫淼溔漾。
> 复如百万兵戈匝，地来长驱席卷空。
> 田菜一过已难堪，频来惨更极。

食尽节叶与根心，毒兼螟蛉并蟊贼。

吁嗟乎！唐宗诣苑曾吞蝗，为惜民生轻肺肠。

九重轸念疮痍苦，亿万曾蠲出上方。

史纪鲁恭多异政，蝗飞不入中牟境。

今时岂尽无循良，由来天定人难胜。

灾眚流行代有之，福倚祸伏谁能窥？

乐子无家慕草木，不信试吟芣苢诗。

自睹仳离满道侧，中夜籲天长太息。

但求黍苗稔桑榆收，孑遗莫遣填沟洫。

这首描写蝗虫灾害的诗作也没有具体写明时间地点，但从诗句内容和指向上看，并结合张道浞的《捕蝗赈饥偶记》一文来分析，基本可以确定两部作品应该写于同一时期，反映的都是康熙三十年（1691）那场给窦庄村造成了巨大损失的蝗灾。从叙事内容来看，《捕蝗赈饥偶记》属于记述作品，描写了作者自己如何带领族人消灭蝗虫，以及赈饥灾民的情形；而《飞蝗叹》则是对此次灾害发自内心的感慨和议论之作，并不是对灾情发生过程的记叙。因此，在诗句中，他不仅指出蝗虫给当地社会造成的惨烈景象，还试图采用借古喻今的手法，如举出唐太宗吞蝗虫为民受灾和鲁恭德政使蝗虫不入中牟境内的事例，希望地方官府能够及时在灾后赈饥，让灾民渡过难关。就如诗中所言"今时岂尽无循良，由来天定人难胜"，尽管对于天灾无法预测，难以预料，但适时的进行灾荒救济却是由人事来决定的。

至此，我们通过窦庄村张氏家族史上的几位关键人物，如张五典、张铨、张道浞，并结合其人其事其文对这一地方望族的历史面相进行了多角度的分析讨论，更加丰富地展示了张姓族人在沁河沿岸村庄内外的生活图景。在现代版《沁水县志》中对张氏家族的发家史有如下总结：自明万历二十年（1592）张氏家族子孙张五典中进士入仕途后，书香传家，十代不衰，先后有万历三十二年（1604）金字辈张铨、清顺治六年（1649）走字辈张道湜、乾隆三十四年（1769）心字辈张心至等六人高中进士。中举人者有张五典、张铨、张铪、张道湜、张德堂、张道濂、张德皐、张德集、张心至、张诗铭、张诗颂、张竹书等十五人之多。所以，现在人们一般都认为张氏家族是沁水历史上历代有进士、举人功名最多的家族，科甲连绵，名流辈出。不仅以书香传家，还以道德传家，使其家族成员每入仕，皆清廉有为，政绩突出，品望卓越，能够不畏惧权贵，为民解难，甚至不惜以舍官求义。更有人将"书香传家、道德传家"看作窦庄张氏百年望族世代兴替的根本原因。当然，形成这样的看法和判断，自然无可厚非，但是我们觉得依然有很多的历史谜底还有待人们去一一揭开。

2. "夫人城"：从窦庄到窦庄古堡

窦庄村的张氏家族，除了上文中讨论到的张五典子孙等男性族人外，还出了一位女性族人，即张铨之妻霍氏。其实，现在我们看到有关窦庄古堡的主要文本、话语，都是与霍氏直接相关的，由此也衍生出诸多霍夫人的传说故事。如，"夫人城"、窦庄"小北京"、崇祯皇帝亲赐"燕桂传芳"牌匾，甚至在当地还流传着这样的顺口溜："金郭壁，银窦庄，花花曲堤，烂坪上"。当然，我们可以将这些众说纷纭看作是从窦庄村史深处浮现出来的一些历史表象，其背后一定还有诸多历史细节需要后人去探寻和发掘。接下来，本节将以霍氏为讨论的话题，对窦庄古堡作一些考察分析，希望可以由此看到"夫人城"由窦庄村发展为窦庄古堡的演变轨迹。

我们先从霍氏说起。在康熙版《沁水县志·列女传》中有记载曰：

> 霍氏，张忠烈公铨夫人，公家于窦庄。先是公父五典谓海内将乱，筑墙为堡，甚坚。后贼犯窦庄，五典已殁，公之子道濬、道泽，俱官京师，惟霍氏守舍。众议弃堡去，氏语其少子道澄曰："避贼而出家不保，出而遇贼，身更不免。等死耳，死于家，不犹愈死于野乎？且我守坚，贼必不得志。"于是躬率童仆

为守御。贼至环攻之，堡中矢石并发，贼伤甚众。越四日乃退，其避山谷者，多遇贼淫杀，惟张氏宗族得全。冀南兵备王肇生表其堡曰："夫人城"。

上文中已指出，《明史》张铨传记中添加的内容即是说明末流寇犯窦庄，众人请避之，而霍氏则说"避贼而去，家不保，出而遇贼，身更不保。等死耳，盍死于家？"于是亲率童仆坚守窦庄，贼寇环攻四昼夜，不克而去。副使王肇生名其堡曰"夫人城"。对比来看，清初《沁水县志》中关于霍氏事迹的记载来自于《明史》张铨传记中的内容，并进一步作了发挥和完善，从张五典、张铨、张道濬、张道泽、张道澄及其童仆作为线索，勾勒了一幅张氏族人齐心抗击贼寇的英勇画面。尤其突出了霍氏在其中扮演的勇敢形象，"贼至环攻之，堡中矢石并发，贼伤甚众"。而在《明史》中只是记载了霍氏率童仆坚守，贼不克而去。

后在嘉庆版《沁水县志》中，已经有御史卫贞为霍夫人作传了，是为

褒扬霍氏的牌匾"燕桂传芳"

《张太夫人传》，同时将对其个人的简单介绍列在《孝妇》篇。其中记载道：霍氏，张忠烈公铨妻，家窦庄。先是铨父兵部尚书五典以流寇纵横，筑城甚坚。后贼犯窦庄，夫人仰承父志，设法固守，贼不能破，兵备王肇生表其城曰："夫人城"。此则传记就霍氏的一生事迹进行了非常细致地描绘和叙述，显示出其非同常人的秉性与能力，自然成为张氏家族史上很难得的一位杰出女性。例如：

> 忠烈公之殉大节也，讣至，太夫人涕泣，不饮食数日夕，誓以身殉。既而曰："死易易耳，如堂上衰白？何翘诸孤呱呱未有成立。辞难就易，何面目见吾夫子于地下乎？"于是强起筹废举，权盈缩，筑室治田，多而益办。自是十年，所霍太夫人、宫保公先后厌世。太夫人以一身当大事，尽哀尽礼，内外无间言。抚诸子爱而能劳，督课不少贷。诸子虽显贵，每入侍，整肃衣冠，无敢以惰容见。教诸女及诸子妇以身范之，务俾和睦。诸女若子妇，始终雍雍，奉教罔替。

可见，霍氏在张氏家族中的形象为通情达理、善解人意、持家教子有道，堪称典型的贤妻良母，尽显传统中国女性的风范。同时，传记中对霍氏如何抵御流贼进攻窦庄一事也进行了叙述，与之前的相关史料记载并无大的不同，只是言词间又突出强调了霍氏在其中的影响。

> 诸子皆不家食，唯佥宪君道澄尚幼，依膝下。佥谋弃堡走，太夫人急集亲族，谕之曰："先宫保筑此何为？乃遇乌合盗，竟弗守，轻去其乡耶？弃家不智，匿野无勇，何若？效死勿去为上策耶。"众皆感愤，愿死守，乃脱簪珥，修雉堞，躬率童仆及诸亲族，撄城捍御。贼环攻数日弗利，去，全活甚众。冀南使者王肇生表其里曰："夫人城"。

其实，我们从上述关于霍氏坚守以抗流寇的相关记述内容，还是可以发现一些值得注意的细节。如，康熙版县志中强调的是"众议弃堡"而去，霍氏则对小儿子道澄说，不可以轻易弃家，而是要勇敢守卫。而在嘉庆版县志中，则是小儿子道澄向其母霍氏说出了弃堡的想法，于是霍氏及时召集亲族说弃家不可，死守家园才是上策。结果众族人出钱出力修筑古堡城墙，以抵御流贼的进犯。另外，在卫贞写的霍氏传记中还有一内容是之前的记载中没有的，就是霍氏对当地人遭受兵灾后的救济行为。如：

> 无何，沁邑报陷，难民载道。太夫人发仓廪筐箸，衣之食之。又收养颠连困惫者于家。俟平，复赍以归业居。

而且，霍氏在平日里，"遇修桥梁、道路、梵宇、神祠，捐赀若不及。而尤笃于族党，姻戚有求必委曲以应。至贫不能婚，丧不能葬者，更加意周给，不少吝。"

需要指出的是，这个传记内容叙述中的变化，应该不是作者随意添加上去的，而是要将其放置于张氏家族作为地方望族的历史脉络中去理解，才可发现其具有的社会文化意义。在卫贞所作传记之前的各种表述中，都凸显的是霍氏如何率亲族坐守古堡，并明确地说明留在堡中的即存活下来，完好无损，而弃堡而走的村民则大多遭到了流寇的掠夺劫杀。这似乎透露出了一个不大符合地方望族形象的节点，就是霍氏只是率本姓族人自保，而不顾其他村民的安危。也可能正是考虑到了霍氏相关史料叙述中的这一瑕疵，卫贞后来在为霍氏作传的时候，才更加完善了她的形象建构。

有史料记载，清乾隆年间进士、福建省泉州人洪世佺，曾到山西芮城任知县，后升至湖北襄阳知府。此人写有多首关于沁河流域的诗作，如《忠义砦》《马邑城》《王离城》《端氏城二首》《沁河》《窦庄夫人城》《榼山大云寺》《宿克山寺天外楼》《留别沁人四首》等。由此可见，洪世佺本人应该是到过窦庄村及附近的端氏、榼山等地，才可能留下这些诗篇。作为地方官员，也许是作者在沁河流域逗留期间，目睹了窦庄古堡，倾听到当地人关于张氏家族及霍氏的事迹后，有感而发，为我们留下了《窦庄夫人城》诗一首，从而使得后人在谈论窦庄古堡时又多了一份历史内容。洪世佺的夫人城一诗，将张铨及其妻子霍氏与窦庄古堡并置在一起进行赞扬，实际上想要表达的是一种誓死无畏、保卫家园的忠孝理念对于地方社会秩序的整合与维持，乃至对于清王朝的统治合法性而言，都是极为重要的。其中写道：

> 天中夜半橹枪明，沁河东西皆戟垒。
>
> 尽散黄金作刍粮，捐钗解佩如脱屣。
>
> 刊山筑砦保乡间，千人万人齐下杵。

尽管作者以一种文学写实的手法记录下了在沁河流域旅途中的所见所闻，但也不可完全否认诗句中反映出的历史真实成分。即在洪世佺所处的清初时期，仍能够在沁河沿岸亲眼看到众多的堡砦矗立其中，再加上张氏族人张铨血洒辽东战场的忠烈事迹，促使他对窦庄夫人城不可能充耳不闻。对此，田同旭先生也认为这一诗作记录了明代一段不入正史的历史。即明朝末年，天下开始大乱，明朝廷难以周全安抚天下，更难以顾全沁河两岸的远乡僻壤，于是当地老百姓不得不筑堡自卫。在这样的历史背景下，才开始有了张五典、孙居相等先后修筑的窦庄、湘峪古城堡，沁河中下游的阳城境内也修筑了郭峪、砥洎等众多古城，形成了明末沁河流域特有的古城堡现象。而且，古城堡的营造，窦庄可能是首开风气。还有距离窦庄不远处的坪上村是明隆庆年间进士刘东星的故乡，因为有条件修筑城堡却未能建造，结果在流寇犯境之时，坪上村惨遭兵火，而窦庄村则有惊无险。据此，田先生推断说，沁河流域古堡应该出现在刘东星之后，明末社会动乱也是在刘东星之后才对沁水地方社会发生影响的。

不过，笔者更为感兴趣的是，在诸多关于窦庄古堡的历史叙事中，到底经历了一个怎样的文本话语生成过程，才变化成如今这个样子。也就是说，从张五典在明万历年间谋划营造古堡至窦庄夫人城，背后一定还有许多值得深入探究的历史内容。我们在此的分析讨论，即是想尽量去找出其中变化的元素，而不是简单停留在现有的话语表述上。通过查阅《沁水县志》记载，并结合前文中的诸多讨论内容，要理解窦庄古堡的生成史，重要的是要将其放回到当时的历史脉络中去。而张铨之子张道濬撰写的《兵燹琐记》则为我们记录下了明末流寇多次侵入沁河流域后的历史图景。下面我们对此篇重要历史文献中记载的内容作一些具体叙述和讨论。

张道濬在《兵燹琐记》一文中开篇即说，崇祯四年（1531）五月二十七日，贼寇王嘉胤率兵到了沁水县境内。因为已经很长时间没有发生过战乱了，所以当时人们对兵灾已不大在意。但是王嘉胤带兵所过之处都遭到了摧残，并且距离窦庄不远的坪上村尤其惨烈。于是张道濬说："考正德间，贼亦于是日至坪上，今昔不爽，期异事也。"明正德至崇祯共有百余年的时间，而前后居然在同一时间、同一地点遭受了贼兵暴虐，在张道濬看来，实在是一件颇为奇异的事情。因为距离坪上不远的窦庄村在贼寇来临之际，却能够安然无恙。其中的原因何在呢？紧接着，张道濬给出了答案，他说：

> 先是辽阳陷，先忠烈公铨殉难，先祖宫保公五典，即命余曰："辽阳一隅征调，天下骚然矣。"恐有他故，乃请之监司窦庄城堡，乡人皆迁之。逮流贼发难，所过尽残，独窦庄无恙，始服先祖之识。

作者在此提到其祖父张五典曾告诫自己说，辽阳一旦丢失，天下就会陷入战乱之中，于是"请之监司窦庄城堡"一事，应该就是我们现在看到的各种关于窦庄古堡起源于张五典远见卓识的叙事话语的起点。也即是说，窦庄没有遭到流贼的摧残，是因为建造了城堡。进而，张道濬又写道：

> 王嘉胤贼且至，声甚恶。窦庄初有堡无备，咸议弃去。余母

霍夫人独不可，谕众于衢曰："若何不见大？避贼出家，既不保，出遇贼，身复不免。徒为人笑。凭城邀天必无恙，万一有他，死于家尚愈于野。"因身先登陴，众因之。贼至，功不克去，凡山谷匿者果不免。于是皆颂余母，王兵使肇生表之曰："夫人城"。窦庄之守，余兄弟皆违子舍，乡人复不习兵家事。余母率童婢仗挺石，卒能保全，以方序母且如何？

从上述两段引文中可以看出，张道濬主要突出了张氏家族在遭遇兵燹之灾时能够保全族人生命财产安全的地位和作用。这不仅体现在其祖父张五典积极建造窦庄堡，更体现在其母霍夫人能够身先士卒，坚守古堡，率族人童婢勇敢抵御流贼。很显然，作为张氏家族的后人，再加上其祖父张五典、其父亲张铨，均曾为明朝廷文武官员，自己又因父亲战死疆场而受到朝廷的恩荫，官至锦衣卫都指挥佥事，这些家事国事不可能不对张道濬产生情感上的触动和萌发。所以，言辞之间处处都流露出他对家族祖辈父辈们的宣扬和推崇。前文中也谈到，《明史》张铨传记中添加了张五典和霍氏夫人城的叙事内容，也应该是从张道濬的这篇《兵燹琐记》中摘录加工而成的。而借助张五典、张铨、夫人城、窦庄古堡等历史元素，建构出了张氏家族史上的经典篇章。

除了上述祖父辈的事迹外，张道濬在《兵燹琐记》中也给自己如何抗御、劝降流寇记下浓墨重彩的一笔。如：

贼入，冀南尽墟，余守窦庄无恙。紫金梁、老回回、八金刚等率众三万来攻，夜侦者报贼才至石室，黎明已至檥山。续进如蚁，硝拨则涉西岭。俯窥余环堡，箭如飞蝗，著城内楼墙羽相接也。余戒无动，俟其少解，矢石并发，贼大创。忽火余堡外楼，及余叔祖县令五服族人正脉祖母舅诸生窦弘烈等房，凡四处燃。贼愈矣，乃声言请降，见余城下。余诘之曰："尔既请降，何谓攻城纵火？"贼委过于部曲。余曰："是否部曲不必言，如尔等

　　既请降，须先散所掠人口。其头目俟奏请部署，不唯性命，且保身家矣。"诸贼皆泣，旁一人突前曰："谢恩，即当遍晓各营，使毋妄杀为信。"余曰："何人大解事？"对曰："某韩廷宪，宜川廪生，为所执至此。"余曰："若然，尔已有意矣。若劝众速降，便是尔功。"对曰："无难事，自有计较。过五日，可取成约。"余目之曰："尔早计较，早为朝廷官。"廷宪唯唯，即驱众贼去。凡邻近男妇陷贼者，皆释回。

　　如果说上文中作者的叙述是想突出窦庄古堡对于防御流贼攻击所起到的保护作用的话，重在"物"的方面；那么，这一段文字则从"人"的方面，再次表达了张氏族人在与贼寇短兵相接过程中的英勇表现。面对三万之众，张道濬不仅成功劝降了流贼，而且说服他们释放了掳掠的当地村民。此种做法，尽显英雄气概，更是要向世人表明，张氏族人无论做什么事情，都能够表现出宽厚仁慈、孝悌忠烈的节义之举。由此段引文也可以得知，张道濬就在窦庄亲自上阵，与流贼斗智斗勇；不过，前文中提到的有关霍夫人的传记史料中却明显指出，大儿子张道濬、二儿子张道泽均为官在外，家中只有尚未成人的三儿子张道澄，所以在贼兵环攻窦庄古堡时，霍夫人挺身而出，坚守城堡，最终保护了族人的生命财产安全。当然，在《兵燹琐记》一文中，张道濬除了记录在窦庄古堡与贼寇对峙之外，他还对自己率兵先后在阳城、端氏、润城、沁水、大阳、郭峪、泽州、高平、河南等地追剿和攻打大批流寇的作战经过及所取得的战绩进行详细的叙述和描写。这样看来，上述叙事中出现的一点矛盾之处也不难理解，恰好是凸显了后人在张氏家族史建构中为了某些人物和事件的需要而对历史细节进行了一些或大或小的修辞处理。因此，在建构窦庄夫人城的形象过程中，写作者可能就会为了过于突出霍氏的地位和作用，有意将其生活的家庭环境元素降低至非她莫属的地步。

　　以上所述，即是笔者根据现能查阅到的相关史料对窦庄夫人城的生成过程所作的一些文本分析讨论。主要是想进一步澄清张氏家族主要人物张五典、张铨、霍夫人、张道濬以及明末流寇进犯沁河流域等诸多历史因素是如何经过不断的一个叙事过程，形成了我们现在能够看到的关于窦庄古堡的传说。所以，人们常说历史的魅力也许就在于它是说不尽道不完的，即便是这样一句显得多少有点轻率的笑谈，却需要不断有历史学工作者能够走入历史深处，探寻其起点及变化。

最后，我们想再结合现有的一些关于窦庄古堡的研究成果，对这样一个历经千年之久的古村落的形态格局与结构变化略作讨论。之所以会想到这样一个问题，是因为笔者在窦庄村进行田野调查期间，对窦庄这样一个沁河沿岸的传统村庄如何会一步步"进化"为一座古城堡的疑问始终不得其解，难以释怀，总觉得其背后隐藏了太多太多的历史谜底等着后人一一解开。与此同时，又对已有的观点不大满意，并希望能够见到更具解释力和说服力的结论来。

薛林平等人在《窦庄古村》一书中，从建筑学角度对窦庄古堡的结构格局、建筑特色等方面进行了全面系统的测绘分析，为读者勾画出了沁河沿岸这一典型古城堡的静态图景。这也是目前关于窦庄村落形态构造史的唯一著作。首先，该书作者如此看待窦庄村落的起源和形成：

> 因为窦氏族人是由陕西移居至山西的，而当地土著居民自然会对外来者抱有敌意，对抗和骚扰在所难免。所以作为外来者，为了获得安全和稳定，在建造居所时，必须考虑良好的防卫性，比如福建客家土楼的形成就是出于这种原因。同样，宋代窦庄的格局，也体现了这一点。另外，影响宋代窦庄格局的一个重要因素是我国传统的风水观念。……窦氏族人将村庄位置选址在沁河边一片广阔的河谷平地上，三面环水，一面靠山。在风水学说中，这种背山面水的河谷平地正是所谓的吉地。靠近水源意味着生产生活的便利，且河谷平地土壤肥沃，合适耕种，又是交通要道，交往方便。同样，背山也能兼顾生活和防御功能。

可以看出，薛林平认为窦庄古堡的产生，一方面是窦氏先祖作为外来移民者出于对土著居民防卫性的安全考虑，另一方面则是传统风水观念的考虑。至于第一个原因，显然忽略了一个基本事实，就是窦氏族人移居到此之前，窦庄所在地则很可能已是当地村民聚落处所了，而窦氏并不是窦庄的第一批居民，自然也就难以解释窦庄的原初形态为何了。而且，据史料记载，窦氏祖荫窦将军墓为宋戚畹之地，也即现在窦庄村西边的卧牛山一带，而且按照农村丧葬习俗，坟墓地点定会与所在村落有一定的距离，并不会就是村落所在地。第二个关于风水因素的解释，则是站得住脚的，也是我们考察传统村庄形成过程中人文地理方面必须要顾及的原因。有山有水的地方，往往成为古代居所选择的首要因素，一方水土养育一方人。真可谓应了那句谚语：靠山吃山，靠水吃水。在风水说的基础上，他们又将窦庄的形成归结为窦氏祖先充分利用了《周易》中的八卦理念，才形成了其最初的村庄格局。如：

> 窦庄是先圈定村落的范围，而后其中才慢慢填充起来的。另外，窦庄祖人在迁徙过来之前，也曾经富贵显赫，所以尤其重视风水，在确定村落范围的时候，他们的做法是先根据八卦卦象，在乾坤坎离四个方向上定位，在这四个点上建宅，环以堡墙后，在另外的四个方向上设门，形成所谓的"八卦四方一点穴"的布局。村中留一片空地，是为了不挡住窦氏先茔的气脉，合族共计，不在此修建房屋，空出作为习武之用，人称习武场。因为门的方向已经确定为东南、西北向，所以此后窦庄的建筑也大多取东南朝向。如今村内已几乎没有宋代建筑存在，且加之年代久远，所以窦庄当时的确切面貌，很难考证，仅能推测至此。

可以说，《窦庄古村》的作者对宋代窦庄村落格局的这种八卦方位解说富有创意，并运用现代技术手段绘制出了相应的村庄形态图，给人耳目一新之感，原来在一个千年古村变革背后还有如此这般的历史"玄机"暗藏其中？但是，我们在前文中讨论窦庄起源和窦氏家族、张氏家族的历史关系时，也没有查阅到相关史料记载可以用来说明窦氏先祖是利用周易八卦的理念营造出窦庄村的结构布局。因此，作者从建筑学角度建构的这一村庄起源说难免给人一种过度诠释之嫌。还有一点就是他们完全忽视了宋金元时期的大历史背景，尤其是对窦氏家族自身历史脉络的演变问题缺乏深入的发掘和探寻，所以在确立窦氏与窦庄的关系脉络时就很容易陷入到简单的线性因果链条中去。如果说窦庄古堡在北宋时期就出现了，那宋辽之间多年征战并逐鹿中原的历史实践，一定对沁河沿岸的地理生态和社会演变造成了相当的影响。地方志书有关于沁河流域修筑堡砦以抗击来自北面南下的辽军金兵的零星记载，所以，窦庄不会只是窦氏祖先为了防卫土著居民的干扰兴建的。事实上，窦庄、窦氏家族、张氏家族以及沁河沿岸的端氏、坪上、郭壁、曲堤等村庄家族之间关系错综复杂，彼此多有交错，将村庄起源只是归因到窦氏祖先身上显然是不够的。前文中我们对村中佛堂庙里的元至元二十五年《沁水县窦庄村新修佛堂记》碑刻的解读，已经说明了在元世祖忽必烈时期，张氏家族已经在村里算是比较有声望的居民了。

其实，我们现在能看到的窦庄村东北部基本都是明末以后的村落格局。这个无论是在文字史料上还是村中遗存的古院落建筑、碑刻、门匾等实物，都可以加以证实。在笔者初次到窦庄村进行田野调查时，原以为一进入村口即可看到一处处承载了历史风雨印记的古城墙、古院落，高高矗立的门楼、牌坊等，但事实上并非如此。随后笔者一行三人沿着街道一路向北，才开始看到一些旧时的院落建筑，张氏家族的尚书府、老宅，窦氏家族的祠堂院、旗杆院、佛堂庙，等等，此时我们才觉得有一点古村落的气息出现在眼前了。因为进入田野点之前，笔者查阅了一些史料和部分有关窦庄村的叙述，都对这一沁河沿岸古村落叙述得绘声绘色，古建筑群更是令人向往，所以很多次都让人情不自禁地会去想象它的千年沧桑与历史容貌。毋庸讳言，尽管几天的田野调查感受让我发出赞叹之声，可同时它又难免让我心存一丝丝失落之感。总觉得现实中看到的窦庄没有人们所描述的那么完美、辉煌。也许是出于职业本能的敏感，才促使我提起笔来对窦庄往事进行再叙述，试图从这个存在了上千年的村庄的诸多历史起点开始谈起，不想一味的人云亦云，而是要尽量去还原历史真相。所以，在读到《窦庄古村》一书时，更加促使自己说出想说的话，与读者诸君一起来分享、思考。该书对明清时期窦庄村落格局也有较多的叙述。书中这样写道：

> 明朝末年，政局混乱，朝廷难以周全天下，尤难顾全沁河两岸之远乡僻壤，当地百姓不得不修堡自卫，形成明末沁河流域特有的古堡群。从修建时间来看，窦庄大概是明末沁河中游一带最早修建的堡寨。

这一看法也是现在人们对窦庄古堡最流行的看法。如果我们细细推敲的话，其中意思或许是明末才开始修筑窦庄古堡，而之前所谓的宋代窦氏筑堡以自卫一说不可信。而且就像作者所说的，村内没有宋代建筑遗迹，已很难证明窦庄当时的面貌。言外之意，也有可能就不曾存在过，当然无迹可寻了。

在谈到明末窦庄城堡的修建时，薛林平也是引用了现有的说法，即张氏族人张五典告老还乡后，"度海内将乱"，为了保证窦庄族人的安全，便决定巩固窦庄防御建设，修建城堡。并指出由于工程浩大，前后历时九年才完成。整个内城城堡的形状为"口"字形，称为"金丝吊葫芦"。就史料记载来看，明末窦庄城堡的营建与张五典有关，这在其孙子张道濬撰写的《兵燹琐记》中也有所提及。但究竟张五典与窦庄古堡的出现之间到底存在怎样的历史关联，不应只是从其后人的记述中去考察，也应该多加关注张五典留存下来的《海虹集》等文本资料，也许会进一步丰富现有的说法。接着，他们在书中还指出：

> 在明代天启年间，张氏始修内堡时，精心营造了瓮水滩一带

的建筑群，俗称尚书府上宅。虽说瓮水滩地势低洼，也不建在古窦庄村内，更不在窦庄城堡之内，但张姓主人却把它建成了一个单独的瓮城。这样一来，八道城门，再加上这瓮城的堡门，一共九道门，就形成了所谓"九门九关"之势，所谓堡外有堡，堡中有堡。……故有"天下庄，数窦庄"的民谚。

现代人在看历史时，最容易犯的一个错误就是可以轻而易举地把自己的"后见之明"添加到古人身上，并称其有"先见之明"。实际上，综合笔者对沁水县地方史志的阅读和了解，以及在窦庄村的田野调查，窦庄古堡的"前世今生"更像是一种历史叙事的结果，其中蕴含了地理、政治、军事、家族、文化、教育等元素。尽管现在遗存的古院落和石刻能够在一定程度上证明它的真实存在，但对它的解释却不能仅仅停留在静态化的结构布局上。我们必须对窦氏家族和张氏家族的人物与事件了如指掌，尤其是张姓子孙自明中叶以后能够恩科功名不断、文武官员辈出，显赫的望族地位长盛不衰，以及明清鼎革之际，王朝风云变幻莫测，所有这些才可能是揭开这一古城堡历史面纱的关键所在。

由此，笔者想到了现在已成为大院文化旅游胜地的晋商大院，如乔家大院、王家大院、常家庄园等。其实这其中的历史逻辑很简单，就是明清时期山西人多在外经商，发家致富、飞黄腾达之后，用他们所赚到的大量银子在家乡修房子、筑院落，以彰显富贵、荣耀乡里。这在历史时期的华北地域社会是一种颇为流行的居家习俗，展示了传统中国农民生活多样化的诉求，也应该是历史中人最初的考虑。至于村庄、院落的修造是出于自卫防御外来者侵犯，还是另有其他功能考虑，这就需要与当时当地的历史背景结合起来去考量，而不是以现代人的文化休闲心理去主观性地下结论。所以，对待历史的态度，无论是大历史还是小历史，都要尽量从史料的发掘和考证中去还原其本来的面貌。就窦庄古堡而言，我们不应只是将它曾经产生过的历史效果等同于它最初出现时的原因，从而大加猜测、想象，甚至是夸大当时人的主观能动性。显而易见，窦庄古堡的兴建，除了现在人们所津津乐道的军事防御功能外，它处在由西向东滚滚而来的沁河湾地的位置，不可能不对窦庄村的修建格局产生影响。虽然我们没有查阅到直接记载加以佐证，但是在康熙版《沁水县志》中对本县城池的防治、筑造就明确地提到了沁河水患的影响。如：

> 东临河水，常患冲塌。嘉靖时，伐石为堤，患始息。崇祯中，为流贼攻毁，署印泽州州同张大为重修。国朝顺治中，知县刘昌重修。知县尚金章同县丞张宗周重修城堤。康熙甲戌，河水复泛滥侵城。知县赵凤诏导河，从碧峰山麓远流，永杜冲塌之患。乙亥（1695）地震，城堞倾毁，赵凤诏重修。

在田野调查中，我们从窦庄所处的地理环境中能够想象得出历史时期沁河流经窦庄时可能造成的水患后果。康熙三十三年（1694）夏季，时任知县赵凤诏在《改浚城河记》一文中也对沁河流域水势凶猛的情况进行了记述。

> 山水乘霆雨而发，冲堤激石，震荡漂流，无所底止。听其声如狂风怒号，迅雷暴起，即而视之，则骇浪惊涛，奔腾而澎湃，其汹涌莫可名状。邑中父老惊相告，予策骑循行，见水溢堤坏，距城垣仅数步，岌岌乎危之。

通过这些讨论，就是想指出，窦庄古堡是在历史长河中多种因素综合作用下的产物，我们现在强调的地理生态、军事政治、社会文化等内容应该是在一个长期演变过程中不断叠加进去的。也即是说，在窦庄古堡一处处建筑群的背后一定还蕴藏着一个历经沧桑的生成过程。

所以说，我们对现今人们口头相传的有关窦庄古堡的"夫人城""小北京""天下庄，数窦庄""金郭壁，银窦庄"等流行话语要作动态性的考察分析，探究其如何在一个日积月累的历史实践中演变成了现在这个

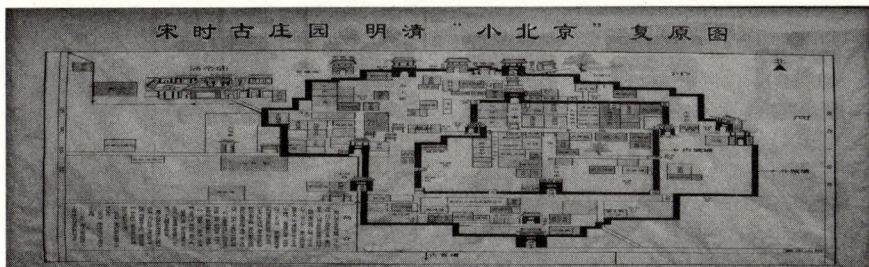

窦庄古堡复原图

样貌的。从上述的分析讨论中，笔者试图呈现出从窦庄村到夫人城再到窦庄古堡，这个千年古村经历了一个由原来的初始村庄形态（时间大约为北宋之前），发展、演化到后来的第一次村庄变形（时间为宋、金、元时期），再到后来的第二次变形（时间为明清时期），甚至还有当前的第三次变形，即窦庄成为"中国历史文化名村"后开始进行全面修复和改造，试图恢复古村落容貌，以发展历史文化旅游项目等。一旦将窦庄村纳入到长时段的历史视野中来，我们就更能发现太多的历史细节值得大写而特写了，而不是仅仅停留在人云亦云的口号之上了。

结语：往事并不如烟

　　俗话说，往事如烟。其大意是说人的一生中会有很多的事情，就像云烟一样虚无缥缈、转眼逝去，不值得人们去留恋和回味，过去的事也就过去了。但是，通过对沁河沿岸窦庄村窦氏家族与张氏家族两大地方望族生成史的分析讨论，笔者内心深处却始终会不由自主地幻想着这一千年古村历史演变中的人事过往和兴衰更替。行走在窦庄，也许是一则文字史料，或一通字迹模糊不清的石刻，或是一处破败的老院落，或是一块陈旧破损的门匾，都可以让我们感觉到它厚重的历史沉淀，依旧令人浮想联翩，不能自已。所以，就窦庄而言，往事并不如烟，于是也就有了这本关于它的小书。

　　窦庄往事，关系纵横、复杂多样，不深入其中，很难想象得出它地处沁河中游湾地的平静外表下，居然是窦氏、张氏、贾氏、常氏等望族兴盛之地。或文或武、或官或民、或农或商，其历史都尽显在村中的老宅院、老街巷之中，也在当地人的口耳相传中沿袭至今。这本小书，就是在窦庄田野考察的基础上并结合沁水县相关的地方志书等史料撰写而成的。出于对当前窦庄古堡各种流行话语与看法的思考，本书中主要围绕窦氏和张氏两大显赫之家族的诸多历史面相进行了探讨和考证，试图为读者呈现出一幅更为丰富、真实有据的村庄图景。正如胡适所言："有几分证据，说几分话。有一分证据，只可说一分话。有七分证据，只可说七分话，不可说八分话，更不可说十分话。"所以，实事求是，从史料出发，始终是历史学者写史的基本原则，否则即是对过往历史的不尊重，更遑论写史的价值和意义了。

　　宋崇宁四年由晋城人李佺撰写的窦府君碑铭有序可能是目前在窦庄能够见到的关于窦氏家族最早的碑刻史料了。这通碑刻的内容也成为后人记述窦氏家族在北宋时期能够兴盛起来的主要依据，不过通过我们在前文中的相关讨论，事情并没有想象得那么简单。即使是窦庄村名的来历因为"豆"和"窦"音同字不同的差别，也令人费解。窦氏祖荫曾是宋王朝敕封的戚畹之地，应该就位于窦庄村西边的卧牛山脚下，但是我们却不可以轻易就此认为窦庄村因此而来。现保存在村中佛堂庙主殿前的元至元二十五年新修佛堂碑记也是一通富有历史细节的石刻史料，不仅记载了元始祖时期大力推崇佛教信仰在沁河沿岸引起的地方民众积极回应，而且对于我们考证窦庄村的家族关系网络也显得十分重要。尽管笔者在书中还尚未建构出一个圆满的历史链条，却可以更新或纠正已有的一些传言和看法。如果说窦氏家族就是因祖先窦将军而兴起，那在北宋哲宗时期至明中后期的五个世纪中不可能悄然无息的默默生存在这个村庄，一定会以各种方式为自己的家族后人留下一些历史印记的。直至明嘉靖年间起，窦氏族人才有考中科举功名者出现，于是乎人们认为窦家在沉寂了几百年后于明清时期再次崛起，引人关注。事实上，还有另一种可能，即窦氏家族的兴盛历史也许就是从明代中期才开始的，而之前的一切家族记忆则可能是后人建构家族时的产物。从现有的史料来看，此种假设也是非常可能的。

研究宗族史的人，大都有一个共识，就是在明清之际，地方社会中制造宗族和祖先崇拜的现象十分普遍。除了窦氏家族，我们在书中关于张氏家族的考察分析也可以看到，宗族建构体现在方方面面，既有上对朝廷的大事，也有下及家族内部、地方公共事宜的。现在人们一般认为张氏家族在窦庄一直是以窦氏祖荫的看护人身份出现的，只是到了明清时期才通过耕读传家成名，并超越了窦氏家族在当地的影响和地位。当然，我们在前文的分析讨论中已经显示出，这一看法是站不住脚的，也无可靠的史料可以证实。不过话又说回来，这一不可靠的传言却可能正好说明了窦姓和张姓两个家族在建构自身合法性时彼此间存在的历史关联。如《窦氏家谱》、《张氏家谱》、碑刻、墓志铭、《沁水县志》等史料中所记载的，以及在田野调查中了解到的，这两大家族不只是在本村内，而且与邻近的郭壁、曲堤、坪上、嘉丰、李庄、端氏，等等村镇，均有姻亲戚属的人际关系网络存在。所以，我们甚至可以假设，这两大家族很有可能就是在明清两代才成为地方望族的，至于宋金元时期的家族状况，则是后人为了家族再造的现实需求而攀附显贵的结果。

这样看来，本书中关于窦庄家族的叙述和考证，可能并不是要给出揭开其历史面纱的现成答案，更像是一种问题式的冒险，因为其往事并不如烟。

主要参考文献

1.田澍中，贾承健.梦回沁水.太原：山西人民出版社，2012.

2.晋城市建设局编.山西晋城古村镇.北京：中国建筑工业出版社，2010.

3.田同旭，张道德整理.沁水县志逸.太原：山西人民出版社，2010.

4.黄宽重.宋代的家族与社会.北京：国家图书馆出版社，2009.

5.田同旭，马艳主编.沁水县志三种.太原：山西人民出版社，2009.

6.薛林平等.窦庄古村.北京：中国建筑工业出版社，2009.

7.贾志军主编.沁水碑刻蒐编.太原：山西人民出版社，2008.

8.田同旭，马艳主编.沁水历代文存.太原：山西人民出版社，2005.

9.王启龙.藏传佛教对元代经济的影响.中国藏学.2002.

10.[清] 朱樟修.泽州府志.太原：山西古籍出版社，2001.

11.许烺光.祖荫下：中国乡村的亲属、人格与社会流动.台湾：南天书局有限公司，2001.

12.龚延明编著.宋代官制辞典.北京：中华书局，1997.

13.沁水县交通局编纂.沁水县交通志.1993.

14.沁水县志编纂办公室编.沁水县志.太原：山西人民出版社，1987.

15.[元] 脱脱，阿图鲁等修撰.宋史.北京：中华书局，1977.

16.[清] 徐松辑.宋会要辑稿.北京：中华书局，1957.

17.窦氏家谱.清乾隆二十六年.

后　记

　　这本小书能够在规定时间内完成，主要得益于行龙师的鼓励和督促，在此，首先对他表示衷心的感谢。多年来，在老师的指导和提携下，能够以学术为业，甚感欣慰，虽然清贫了些，却更加坚定了自己不断前行的信心和努力。

　　按照《沁河风韵系列丛书》的要求和体例，以方便读者阅读，雅俗共赏，书中尽量图文并茂，且没有采用脚注或尾注的学术著作书写格式。所以，与早已习惯了写作固定套路的学术论著比较起来，这一次的写作在形式上无疑堪称是一次无拘无束的冒险。但行文中凡是引用别人成说或相关史料记载，均一目了然，有据可查。这是需要说明的一点。

　　在窦庄进行田野调查期间，得到了村民马晓秋老人的大力帮助，对他致以深深的谢意。马老可谓地地道道的"窦庄通"，对村中的一草一木，信手拈来，不在话下。沁河文化研究会的王扎根老师对当地社会文化史积累深厚，本书写作中也得到了他的帮助和支持，一并表示感谢。另外，泽州县郭全定、王湘云两位至交好友牺牲掉了工作休息时间，陪我翻山越岭进入窦庄村，对他们的付出在此必须道一声谢谢。

　　最后，还需交待一点的是，能够多次参加沁河风韵项目各小组在山西大学中国社会史研究中心的汇报、讨论、交流，自己受益良多，在此对各位师友的分享和贡献表示感谢。当然，一切文责自负。

　　是为记。

常利兵

2016年3月3日